MARCO POLO

NIEDERLÄNDISCH

Reisen mit **Insider Tipps**

▪ Amtssprache Niederländisch

 Worte verbinden, Worte erschließen neue Welten, Worte lassen Sie einfach mehr erleben.

Und damit Sie auch immer die richtigen finden, haben wir Ihnen die wichtigsten für Ihren Ausflug in eine fremde Kultur und Sprache zusammengestellt.

Und sollten Sie einmal sprachlos sein, dann helfen Ihnen unsere Zeigebilder unkompliziert weiter.

Wir wünschen Ihnen viel Spaß auf Ihrer Reise!

www.marcopolo.de/niederlaendisch

NIEDERLÄNDISCH

Wie viel kostet es?
Hoe duur is het?
[hu dühr is et]

> EINFACHE AUSSPRACHE

Keine Scheu einfach loszulegen:
Für die korrekte Aussprache sorgt die einfache Lautschrift – bei sämtlichen Wörtern, Begriffen und Formulierungen.

> ZEIGEBILDER

Bilder machen die Verständigung noch leichter. Ob beim Shoppen, im Restaurant, im Hotel oder bei Fragen zum Auto: unsere Zeigebilder helfen in jedem Fall schnell weiter.

> SCHNELL NACHGESCHLAGEN

VON A–Z
Die wichtigsten Themen alphabetisch sortiert:
Vom Arztbesuch bis zum Telefongespräch.

WÖRTERBUCH
Hier finden Sie die 1333 wichtigsten Begriffe.
Einfach praktisch!

■ **DAS WICHTIGSTE AUF EINEN BLICK:**
DIE STANDARDS
WIE BITTE?
ZAHLEN, MASSE, GEWICHTE
ZEITANGABEN
RICHTUNGSANGABEN .... **UMSCHLAG**

■ **FARBEN, MUSTER, MATERIALIEN** 4
■ **AUSSPRACHE** 5

■ **REISEPLANUNG** 6

■ **IM GESPRÄCH** 10
■ **UNTERWEGS** 20
■ **ESSEN UND TRINKEN** 36

INHALT

> SPEISEKARTE

Mit Spaß bestellen und mit Genuss essen – denn für Sie ist die Speisekarte in Landessprache ab jetzt kein Buch mit sieben Siegeln mehr.

> VOLLES PROGRAMM

Kultur oder Action, Sprach- oder Kochkurs, Tauchen oder Theaterabend: Formulierungen die dafür sorgen, dass Ihr Urlaub noch spannender wird.

> WIE DIE EINHEIMISCHEN

Insider Tipps Damit Sie als echter Insider gelten, nicht als Tourist.

BLOSS NICHT!
Hilft, Fettnäpfchen zu vermeiden.

ACHTUNG! SLANG
Einheimische noch besser verstehen!

- **EINKAUFEN** 52
- **ÜBERNACHTEN** 66
- **VOLLES PROGRAMM** 76

- **VON A–Z** 88

- **IMPRESSUM** 104
- **WÖRTERBUCH** 105
- **BLOSS NICHT!** 124

- **ACHTUNG! SLANG** 125

- **DAS WICHTIGSTE AUF EINEN BLICK: WER, WIE, WAS? DIE WICHTIGSTEN FRAGEN** .... **UMSCHLAG**

■ WORTLOS GLÜCKLICH: ZEIGEBILDER

Farben, Muster, Materialien helfen Ihnen beim Einkaufen. Weitere Helfer für (fast) jede Gelegenheit finden Sie in diesem Sprachführer.

> *www.marcopolo.de/niederlaendisch*

AUSSPRACHE

Zur Erleichterung der Aussprache sind alle niederländischen Wörter und Wendungen zusätzlich mit einer einfachen Aussprache (in eckigen Klammern) versehen. Die Buchstaben in der Aussprache werden ausgesprochen wie im Deutschen.

Beachten Sie:
- Das Niederländische wird insgesamt etwas schwächer artikuliert, man könnte fast sagen: lockerer als das Deutsche. Die Buchstaben "p, k" und "t" werden am Anfang des Wortes nicht „angehaucht", z.B. "telefoon" [telefon, nicht: thelefon] („Telefon").
- Der Doppellaut "ei", auch geschrieben als "ij", wird ausgesprochen wie "äi" ("reis, Ijsselmeer"). Den Doppellaut "ui" gibt es im Deutschen nicht: er hört sich etwa an wie "öi".
- Der Buchstabe "u" wird wie "ü" ausgesprochen.
- Die Buchstabenkombination "ng" wird so ausgesprochen wie im deutschen „singen".
- Die Mehrzahlendung "-en" wird häufig wie ein unbetontes [e] ausgesprochen, z.B. "wegrijden" [wächräide(n)] („losfahren"), "vrouwen" [frauwe(n)] („Frauen").
- In Wörtern wie "stad" [statt] („Stadt") oder "spreken" [spreken] („sprechen") wird das s wie ein ß ausgesprochen, aber etwas weniger scharf: [s-tatt, s-preken].
- ganz typisch ist das harte [ch] das sich so anhört wie in „ach" oder „noch". Auch der Buchstabe "g" entspricht diesem „Reiblaut", der in Belgien und in den südlichen Niederlanden etwas weicher gebildet wird. Ganz schwierig ist der ch-Laut am Anfang des Wortes, z.B. "Scheveningen" [s-chefeningen], oder "schreeuw" [s-chre-w] („Schrei"). Die Buchstabenkombination "sch" wird am Ende des Wortes wie s ausgesprochen: "historisch" [his-toris].
- Beim "r" haben Sie Auswahl: Dieser Laut wird entweder rollend ausgesprochen, mit der Zungenspitze, oder wie das deutsche "r", oder, vor allem von Jugendlichen, wie das amerikanische "r".
- Bemerkenswert sind auch die Buchstabenkombinationen "oe" (wird ausgesprochen wie [u]), "eu" [ö] und "ou" [au].

DAS ALPHABET

A, a	[aa]	J, j	[jee]	S, s	[äs]
B, b	[bee]	K, k	[kaa]	T, t	[tee]
C, c	[see]	L, l	[äl]	U, u	[üh]
D, d	[dee]	M, m	[äm]	V, v	[fee]
E, e	[ee]	N, n	[än]	W, w	[wee]
F, f	[äf]	O, o	[oo]	X, x	[iks]
G, g	[chee]	P, p	[pee]	IJ, ij	[äi]
H, h	[haa]	Q, q	[küh]	Z, z	[sät]
I, i	[ii]	R, r	[är]		

ABKÜRZUNGEN

adj	Adjektiv, Eigenschaftswort	jdn	jemanden
adv	Adverb, Umstandswort	n	Neutrum, sächlich
B	Belgien, belgisch	NL	Niederlande, niederländisch
etw	etwas	s.	sich
jdm	jemandem	verb	Verb, Zeitwort

> EXTRABETT IN STRANDNÄHE

Ob Sie ein Traumhotel am Meer suchen oder ein Zusatzbett im Zimmer brauchen: Formulieren Sie Ihre Urlaubswünsche per E-Mail, Fax oder am Telefon – und gehen Sie entspannt auf Reisen.

BUCHUNG PER E-MAIL

HOTEL | HOTEL [hotell]

Sehr geehrte Damen und Herren,
vom 24. bis 26. Juni hätte ich gern für zwei Nächte ein Einzel-/ Doppel-/Zweibettzimmer.
Bitte teilen Sie mir mit, ob Sie ein Zimmer frei haben und was es pro Nacht, einschließlich Frühstück, kostet.
Mit freundlichen Grüßen

REISE PLANUNG

Geachte dames en heren,
Van 24 t/m 26 juni (2 nachten) wil ik graag een eenpersoons/ tweepersoons/tweebeddenkamer reserveren. Laat u me weten of u een kamer vrij heeft en wat deze per nacht inclusief ontbijt kost?
Met vriendelijke groeten,

MIETWAGEN | HUURWAGEN [hührwaachen]

Sehr geehrte Damen und Herren,
für die Zeit vom 20. – 25. Juli möchte ich gern ab Flughafen ... einen Kleinwagen/einen

Mittelklassewagen/einen Kleinbus mieten. Mein Rückflug geht ab ... und deshalb möchte ich das Auto dort zurückgeben. Bitte teilen Sie mir Ihre Tarife mit und welche Unterlagen ich benötige.
Mit freundlichen Grüßen

Geachte dames en heren,
Van 20 t/m 25 juli wil ik graag vanaf luchthaven ... een kleine auto/een middenklasser/een minivan huren. Ik vertrek vanaf luchthaven ..., daarom zou ik de wagen daar graag willen teruggeven. Kunt u mij zeggen wat uw tarieven zijn en welke documenten zijn vereist?
Met vriendelijke groeten,

FRAGEN ZUR UNTERKUNFT

Ich habe vor, meinen Urlaub in ... zu verbringen. Könnten Sie mir Informationen über Unterkünfte in der Gegend geben? Ik ben van plan de vakantie door te brengen in ... Kunt u mij informatie over logies in de streek geven? [ick benn fan plann de fackansi dor te brengen in ... könnt ü mäi informasi ofer loschis in de streg chefen]

Ist es zentral/ruhig/in Strandnähe gelegen? Is het centraal/rustig/in de buurt van het strand gelegen? [is het sentral/rüstech/in de bührt van et strant chelächen]

Wie viel kostet das pro Woche? Hoe duur is dat per week? [hu dühr isdat per wehk]

Hat diese Unterkunft eine Internet- oder E-Mail-Adresse? Heeft het hotel een internet- of een e-mailadres? [heft et hotel en internet off imailadress]

Hotel	hotel [hotell]
Pension	pension [panschonn]
Zimmer	kamer [kamer]
Ferienwohnung	vakantiewoning [fackansiwohning]

HOTEL – PENSION – ZIMMER
HOTEL – PENSION – KAMERS [hotel – panschon – kamers]

 Übernachtung: Seite 66 ff.

Ich suche ein Hotel, jedoch nicht zu teuer – etwas in der mittleren Preislage. Ik zoek een hotel, maar niet te duur, iets in de middenklasse. [ick suck en hotell mahr nit te dühr its in de middenklasse]

Ich suche ein Hotel ... Ik zoek een hotel ... [ik suk en hotel]

> *www.marcopolo.de/niederlaendisch*

REISEPLANUNG

mit Wellnessbereich.	met wellnesszone. [met wällnesssone]
mit Swimmingpool.	met zwembad. [met swembatt]
mit Golfplatz.	met een golfbaan. [met en cholfbahn]
mit Tennisplätzen.	met tennisbanen. [met tennisbahnen]
Können Sie mir ein schönes Zimmer mit Frühstück empfehlen?	Kunt u mij een mooie kamer met ontbijt aanbevelen? [könnt ü mäi önn mooie kamer mett ontbäit ambefehlen]
Ist es möglich, ein weiteres Bett in einem der Zimmer aufzustellen?	Kan er een extra bed in de kamer worden neergezet? [kanner en ekstra bett in de kamer worde nehrchesett]

FERIENHÄUSER/FERIENWOHNUNGEN
VAKANTIEHUISJES/VAKANTIEWONINGEN [fackansiehöisches/fackansiewohningen]

 Übernachtung: Seite 72 f.

Ich suche eine Ferienwohnung oder einen Bungalow.	Ik zoek een vakantiehuisje of een bungalow. [ick suck önn fakansihöische off önn büngelo]
Für wie viele Leute?	Voor hoeveel personen? [vor huvel personen]
Gibt es …?	Is er … ? [is er]
eine Küche	een keuken [en köken]
eine Spülmaschine	een vaatwasser [önn fatwasser]
einen Kühlschrank	een koelkast [en kulkast]
eine Waschmaschine	een wasmachine [önn wasmachine]
einen Fernseher	een televisie [önn telefisi]
Sind die Stromkosten im Preis enthalten?	Is de prijs inclusief het stroomverbruik? [is de präis inklüsiv et stromferbröik]
Werden Bettwäsche und Handtücher gestellt?	Zijn beddengoed en handdoeken aanwezig? [säin beddechut en handucken ahnwesech]
Wie viel muss ich anzahlen und wann ist die Anzahlung fällig?	Hoe hoog is de aanbetaling, en wanneer moet ik het bedrag overmaken? [hu hoch isde ahnbetaling en wannehr muticket bedrach ofermaken]
Wo und wann kann ich die Schlüssel abholen?	Waar en wanneer kan ik de sleutel afhalen? [wahr en wannehr kann ick de slötel affhalen]

CAMPING | CAMPING [kemping]

Ich suche einen schönen Campingplatz (am Wasser).	Ik zoek een mooie camping (aan het water). [ik suk en mohje kemping (ahn et water)]
Können Sie mir etwas empfehlen?	Kunt u me iets aanbevelen? [könnt ü me ist ahmbefehlen]

> MEHR ERLEBEN

Nur keine Scheu! Der Smalltalk im Café, die Plauderei beim Einkauf, der Flirt beim Clubben – reden Sie drauflos, es ist einfacher als Sie denken! Und macht die Reise erst so richtig spannend.

■ BEGRÜSSUNG | GROETEN [xruten]

Guten Morgen!	Goedemorgen! [chuiemorrchen]
Guten Tag!	Dag!/Goedendag! [dach/chuiedach]
Guten Abend!	Goedenavond! [chuienaafonnt]
Hallo!/Grüß dich!	Hallo!/Dag! [haloo/dach]
Wie geht es Ihnen?	Hoe gaat het met u? [hu chaat et met ü]
Wie geht es dir?	Hoe gaat het met jou? [hu chaat et met jau]
Und Ihnen?	En met u? [emet ü]
Und dir?	En met jou? [emet jau]

IM GESPRÄCH

■ **MEIN NAME IST ...** | MIJN NAAM IS ... [mäin naam is]

Wie ist Ihr Name, bitte?	Wat is uw naam? [wat is üw naam]
Wie heißt du?	Hoe heet je? [hu heet je]
Darf ich bekannt machen?	Mag ik voorstellen? [mach ik foorstellen]
Das ist ...	Dit is ... [dit is]
Frau ...	mevrouw ... [mefrau]
Herr ...	meneer/mijnheer ... [meneer]
Nett, Sie kennen zu lernen.	Leuk met u kennis te maken. [löhk met ü kennes te maken]

10 | 11

AUF WIEDERSEHEN! | TOT ZIENS! [tott sins]

Tschüss!	Dag! [daach]
Bis später!	Tot straks! [tott straks]
Bis morgen!	Tot morgen! [tott morrchen]
Bis bald!	Tot gauw! [tott chau]
Gute Nacht!	Welterusten! [weltrüsste]

BITTE | VERZOEK [fersuk]

Darf ich Sie um einen Gefallen bitten?	Mag ik u iets vragen? [mach ik ü its fraachen]
Können Sie mir bitte helfen?	Kunt u mij alstublieft helpen? [künt ü mäi alstüblift helpen]
Gestatten Sie?	Pardon, mag ik? [pardonn mach ik]
Bitte sehr.	Tot uw dienst. [tott üu dienst]
Gern geschehen!	Graag gedaan! [chraach chedahn]
Mit Vergnügen!	Met plezier. [met plesiir]

DANKE! | DANK U WEL! [dank ü wel]

Vielen Dank!	Dank u wel. [dank ü wel]
Danke, sehr gern!	Dank u, graag! [dank ü chraach]
Nein, danke!	Nee, dank u wel. [nee dank ü wel]
Danke, gleichfalls!	Dank u wel, hetzelfde! [dank ü wel etselwde]
Das ist nett, danke.	Dat is aardig, dank u wel. [dat is aardech dank ü wel]

ENTSCHULDIGUNG! | PARDON! [pardonn]

Es tut mir leid.	Dat spijt me. [dat späit me]
Schade!	Jammer! [jammer]

ALLES GUTE! | HET BESTE! [ütt bäste]

Herzlichen Glückwunsch!	Hartelijk gefeliciteerd! [hartelek chefeelisiteert]
Alles Gute zum Geburtstag!	Gefeliciteerd met je verjaardag! [chefeelisiteert met je ferjaardach]
Viel Erfolg!	Succes! [sückses]
Viel Glück!	Veel geluk! [weel chelück]
Gute Besserung!	Beterschap! [beeters-chap]

> www.marcopolo.de/niederlaendisch

IM GESPRÄCH

■ KOMPLIMENTE | COMPLIMENTEN [komplimenten]

Wie schön!	Wat leuk! [wat lök]
Das ist wunderbar!	Dat is fantastisch! [dat is fantastis]
Sie sprechen sehr gut Deutsch.	U spreekt heel goed Duits. [ü ßpreekt hehl chut döits]
Sie sehen gut aus!	U ziet er goed uit! [ü siht er chut öit]
Ich finde Sie sehr sympathisch/nett.	Ik vind u erg sympathiek/aardig. [ick fint y ärch simpatiek/ardech]
angenehm	prettig [prettech]
ausgezeichnet	uitstekend [öits-tekent]
beeindruckend	indrukwekkend [indrückweckent]
freundlich	vriendelijk [friendelöck]
herrlich	heerlijk [hehrlöck]
hübsch	knap [knapp]
lecker	lekker [lecker]
schön	mooi [moj]

WIE DIE EINHEIMISCHEN

Insider Tipps

▶ Hallo und Tschüss
Dag! [dach, dahach] („Tag") können Sie zu jeder Tages- und Nachtzeit sowohl zur Begrüßung als auch zum Abschied verwenden. Beim Abschied wird *Dag!* meist sehr gedehnt. Jugendliche verwenden stattdessen meist *Hoi!* [hojj] („Hi").
Für die Verabschiedung gibt es weitere Varianten: vom förmlichen *Tot ziens!* [tott ssins] („Auf Wiedersehen!") bis hin zum lockeren *Doei!* [duj] oder *Tot kijk* [tott käik].

▶ Neue Leute treffen
Unbekannte kann man mit einem schlichten *Meneer* [meneer] („Herr") oder *Mevrouw* [mefrau] („Frau") ansprechen.
Es empfiehlt sich, Erwachsene zuerst einmal mit *u* [ü] („Sie") anzureden. Wenn das Eis gebrochen ist, duzt man sich meist von selbst. Oder Ihr Gegenüber bietet Ihnen *Zeg maar je en jij* [sech maar je en jäi] („Sag einfach ‚du' zu mir") an.

▶ Entschuldigung?!
Wie im Deutschen werden im Niederländischen Fragen und Bitten mit „Entschuldigen Sie bitte" *Neem me niet kwalijk* [neem me nit kwaalek] eingeleitet. Um die Aufmerksamkeit auf sich zu lenken, kann man seiner Frage oder Bitte auch den Ausruf *zeg!* [sech] („Sagen Sie mal") voranstellen.

12 | 13

SMALLTALK | SMALLTALK [smolltohk]

ZUR PERSON OVER ZICHZELF [ofer sichsälf]

Wie alt sind Sie/bist du?	Hoe oud bent u/je? [hu aut bent ü/je]
Ich bin 24.	Ik ben 24 jaar oud. [ik ben vier en twintech jahr aut]
Was machen Sie/ machst du beruflich?	Wat bent u/ben je van beroep? [wat benntü/bennje fann berup]
Ich bin …	Ik ben … [ick benn]
Ich arbeite bei …	Ik werk bij … [ick werk bäi]
Ich gehe noch zur Schule.	Ik zit nog op school. [ick sitt noch opp s-chol]
Ich bin Student/in.	Ik ben student/studente. [ick benn s-tüdent(e)]

HERKUNFT UND AUFENTHALT HERKOMST EN VERBLIJF [herkomst en ferbläif]

Woher kommen Sie/ kommst du?	Waar komt u/je vandaan? [waar kommt ü/je fandaan]
Ich komme aus …	Ik kom uit … [ikomm öit]
Sind Sie/Bist du schon lange in …?	Bent u/ben je al lang in …? [bentü/benn je allang in]
Ich bin seit … hier.	Ik ben hier sinds … [ick benn hir sints]
Wie lange bleiben Sie/ bleibst du?	Hoe lang blijft u/blijf je hier nog? [hulang bläiftü/bläifje hir noch]
Sind Sie/Bist du zum ersten Mal hier?	Bent u/Ben je hier voor het eerst? [bentü/bennje hir vor ötteerst]
Gefällt es Ihnen?	Vindt u het fijn? [fintü ött fäin]

HOBBYS HOBBY'S [hobbies]

Haben Sie/Hast du ein Hobby?	Heeft u/Heb je een hobby? [heftü/hebbje önn hobbi]
Wofür interessieren Sie sich?	Wat vindt u zoal interessant? [wat fintü soall interessant]
Ich interessiere mich für …	Ik heb belangstelling voor … [ick hepp belangs-telling vor]
Ich surfe viel im Internet.	Ik zit graag te internetten. [ick sitt chraach te internetten]
kochen	koken [koken]
lesen	lezen [lesen]
malen	schilderen [s-childeren]
Musik hören	naar muziek luisteren [nahr müsik löisteren]
reisen	reizen [räisen]
Sprachen lernen	talen leren [tale lehren]
zeichnen	tekenen [tekenen]
Freunde treffen	Vrienden ontmoeten [frienden ontmuten]
Karten-/Brettspiele	kaart- en bordspelen [kahrt en bortspelen]
Computerspiele	computerspelletjes spelen [kompjuters-pelleches s-pehlen]
Kino/Filme	bioscoop/films [bijo-skoop/fillems]
Musik machen	musiceren [müsisehren]

> *www.marcopolo.de/niederlaendisch*

IM GESPRÄCH

SPORT SPORT [ßport]

> Volles Programm, Seite 82 ff.

Welchen Sport treiben Sie?	Aan welke sport doet u? [ahn welke sport dutü]
Ich spiele …	Ik speel … [ick s-pel]
Ich jogge/ schwimme/ fahre Rad.	Ik loop/zwem/fiets. [ick lop/swemm/fiets]
Ich spiele einmal in der Woche Tennis/Volleyball.	Eens per week ga ik tennissen/volleyballen. [ens per wek cha ick tennissen/follibballen]
Ich gehe regelmäßig ins Fitnesscenter.	Ik ga regelmatig naar de fitnessclub. [ick cha rechelmatech nahr de fitnessklüpp]

■ VERABREDUNG/ FLIRT | AFSPRAAK / FLIRTEN [afspraak/flürten]

Haben Sie/Hast du für morgen schon etwas vor?	Bent u/Ben je voor morgen al iets van plan? [bent ü/ben je foor morrchen al its wan plan]
Wann treffen wir uns?	Wanneer zien we elkaar? [waneer sin we elkaar]
Hast du einen Freund/ eine Freundin?	Heb je een vriend/een vriendin? [hep je en frint/en frindin]
Sind Sie verheiratet?	Bent u getrouwd? [bent ü chetraut]
Ich habe mich den ganzen Tag auf Sie/dich gefreut.	Ik heb de hele dag naar u/je uitgekeken [ik heb de hele dach naar je öitchekeken]
Du hast wunderschöne Augen!	Je hebt prachtige ogen! [je hept prachteche ochen]

WIE DIE EINHEIMISCHEN

Insider Tipps

▸ Wie geht es?
Auf die Frage *Hoe gaat het?* [hu chaat et] („Wie geht es Ihnen/dir?") wird eine positive Antwort erwartet, z.B. *goed* [chut] („gut"), *best* [best] („bestens") oder gar *prima* [primaa] („prima").

▸ Küsschen, Küsschen, Küsschen
Stellt sich der Gesprächspartner vor, so sagt man *Prettig kennis met u te maken!* [pretech känes met ü te maaken] („Es freut mich, Sie kennen zu lernen"), gibt die Hand und nickt freundlich. Ansonsten sind die Niederländer beim Händeschütteln eher zurückhaltend. Gute Freunde umarmen oder küssen sich bei der Begrüßung; die demonstrative Gewohnheit, sich bei der Begrüßung dreimal zu küssen („links-rechts-links"), stammt aus Brabant: *op z'n Brabants* [opp ssün Brabants].

Ich habe mich in dich verliebt.	Ik ben verliefd op je. [ik ben ferlift opp je]
Ich mich auch in dich.	Ik ook op jou. [ik ook opp jou]
Ich liebe dich.	Ik hou van je! [ik hu fan je]
Ich möchte mit dir schlafen.	Ik wil graag met jou naar bed. [ik wil chraach met jau naar bet]
Aber nur mit Kondom!	Maar wel met condoom! [maar wel met konndoom]
Hast du Kondome?	Heb jij condooms? [hep jäi konndooms]
Wo kann ich welche kaufen?	Waar kan ik die kopen? [wahr kann ick die kopen] ((Kondome))
Ich will nicht.	Ik wil niet. [ik wil nit]
Bitte geh jetzt!	Ga weg! [chaa wech]
Hör sofort auf!	Blijf van me af! [bläif fan me af]
Hau ab!	Sodemieter op! [soodemiter opp]
Lassen Sie mich bitte in Ruhe!	Laat me met rust. [laat memät rüst]

ZEIT

■ UHRZEIT | KLOKTIJDEN [klocktäiden]

WIE VIEL UHR IST ES? HOE LAAT IS HET? [hu laat is et]

 Zeitangaben: Umschlagklappe

UM WIE VIEL UHR?/WANN? HOE LAAT?/WANNEER? [hu laat/waneer]

Um 1 Uhr.	Om één uur. [omm een ühr]
In einer Stunde.	Over een uur. [oower en ühr]
Zwischen 3 und 4.	Tussen drie en vier (uur). [tüssen dri en fiir ühr]

WIE LANGE? HOE LANG? [hulang]

Zwei Stunden (lang).	Twee uur (lang). [twee ühr lang]
Von 10 bis 11.	Van tien tot elf. [fan tin tott elef]
Bis 5 Uhr.	Tot vijf uur. [tott fäif ühr]

SEIT WANN? SINDS WANNEER? [sins waneer]

Seit 8 Uhr morgens.	Sinds acht uur 's morgens. [sins acht ühr smorrchens]
Seit einer halben Stunde.	Sinds een half uur. [sins en halef ühr]

■ SONSTIGE ZEITANGABEN
OVERIGE TIJDAANDUIDINGEN [oofereche täitaandöidingen]

morgens	's morgens [smorrchens]
vormittags	's morgens [smorrchens]

> *www.marcopolo.de/niederlaendisch*

IM GESPRÄCH

mittags	tussen de middag [tüssen de midach]
nachmittags	's middags [smidachs]
abends	's avonds [saawonns]
nachts	's nachts [snachs]
vorgestern	eergisteren [eerchisteren]
gestern	gisteren [chisteren]
vor zehn Minuten	tien minuten geleden [tin minüte cheleeden]
heute	vandaag [fandaach]
jetzt	nu [nü]
gegen Mittag	tegen twaalven [teeche twaalfen]
morgen	morgen [morrchen]
übermorgen	overmorgen [oofermorrchen]
diese Woche	deze week [deese week]
am Wochenende	in het weekend [in et wikent]
am Sonntag	's zondags [sonndachs]
in 14 Tagen	over veertien dagen [oofer feertin daachen]
nächstes Jahr	volgend jaar [follchent jaar]
manchmal	af en toe [af en tu]
alle halbe Stunde	om het half uur [omm et half ühr]
stündlich	elk uur [elk ühr]
täglich	dagelijks [daacheleks]
von Zeit zu Zeit	van tijd tot tijd [fan taitottäit]
alle zwei Tage	om de dag [omm de dach]

■ DATUM | DATUM [datem]

Den Wievielten haben wir heute?	De hoeveelste is het vandaag? [de hufeelste is et fandaach]
Heute ist der 1. Mai.	Vandaag is het een mei. [fandaach is et een mäi]

■ WOCHENTAGE | DAGEN VAN DE WEEK [daachen fan de week]

Montag	maandag [maandach]
Dienstag	dinsdag [dinsdach]
Mittwoch	woensdag [wunsdach]
Donnerstag	donderdag [donnderdach]
Freitag	vrijdag [fräidach]
Samstag	zaterdag [saaterdach]
Sonntag	zondag [sonndach]

■ MONATE | MAANDEN [maanden]

Januar	januari [janüwaari]
Februar	februari [febrüwaari]
März	maart [maart]
April	april [april]
Mai	mei [mäi]
Juni	juni [jüni]
Juli	juli [jüli]
August	augustus [ouchüstes]
September	september [september]
Oktober	oktober [ocktoober]
November	november [noofember]
Dezember	december [deesember]

■ JAHRESZEITEN | JAARGETIJDEN [jaarchetäiden]

Frühling	voorjaar, lente [foorjaar, lente]
Sommer	zomer [soomer]
Herbst	herfst [herfst]
Winter	winter [winter]

■ FEIERTAGE | FEESTDAGEN [feesdaachen]

Neujahr	nieuwjaarsdag [niwjaarsdach]
Dreikönigstag	Driekoningen [drikooninge]
Karneval	carnaval [karnefal]
Fastnachtsdienstag	dikke dinsdag [dicke dinsdach]
Aschermittwoch	aswoensdag [aswunsdach]
Karfreitag	Goede Vrijdag [chude fräidach]
Ostern	Pasen [paasen]
Geburtstag der Königin-mutter (30. 4.)	Koninginnedag [kooninginnedach]
1. Mai	één mei [een mäi]
Christi Himmelfahrt	Hemelvaart [heemelfaart]
Pfingsten	Pinksteren [pinksteren]
Fronleichnam	Sacramentsdag [sakraamentsdach]
Nationalfeiertag (21.7., B)	Nationale feestdag [naaschoonaale fesdach]
Allerheiligen (1.11.)	Allerheiligen [alerhäilecken]
Tag der Befreiung (5.5. NL, 11.11. B)	Bevrijdingsdag NL [befräidingsdach], Wapenstilstand B [waapenstilstant]
Nikolaus	Sinterklaas [sinterklaas]

> *www.marcopolo.de/niederlaendisch*

IM GESPRÄCH

Weihnachten	Kerstmis [kersmes]
1. Weihnachtsfeiertag	eerste kerstdag [eerste kersdach]
2. Weihnachtsfeiertag	tweede kerstdag [tweede kersdach]
Silvesterabend	oud en nieuw [aut en niw]

WETTER

Wie wird das Wetter heute?	Wat voor weer wordt het vandaag? [wat foor weer worrt et fandaach]
Es bleibt schön/schlecht.	Het blijft mooi/slecht weer. [et bläift mooi/slecht weer]
Es wird wärmer/kälter.	Het wordt warmer/kouder. [et worrt warmer/kouder]
Es soll regnen.	Er is regen voorspeld. [er is reechen woorspelt]
Es wird regnen/schneien.	Het gaat regenen/sneeuwen. [et chaat reechenen/sneewen]
Es ist kalt/heiß/schwül.	Het is koud/heet/benauwd. [et is kaut/heet/benaut]
Es ist 20 Grad.	Het is twintig graden. [et is twintech chraaden]

bewölkt	bewolkt [bewollekt]
Blitz	bliksem [bliksem]
Donner	donder [donnder]
Ebbe	eb, laagwater [ep, laachwaater]
Flut	vloed [flut]
Frost	vorst [forrst]
Gewitter	onweer n [onnweer]
heiß	heet [heet]
Hitze	hitte [hite]
kalt	koud [kaut]
Klima	klimaat n [klimaat]
Luft	lucht [lücht]
nass	nat [nat]
Nebel	mist [mist]
Regen	regen [reechen]
regnerisch	regenachtig [reechenachtech]
Schnee	sneeuw [sneew]
schwül	benauwd [benaut]
Sonne	zon [sonn]
sonnig	zonnig [sonnech]
Temperatur	temperatuur [temperaatührr]
trocken	droog [drooch]
Überschwemmung	overstroming [ooverstrooming]
warm	warm [warm]
wechselhaft	onbestendig [onnbestendech]
Wind	wind [wint]

> WO GEHT ES NACH...?

Wenn Sie sich verirrt oder verfahren haben oder einfach nicht mehr weiter wissen: Fragen Sie! Dieses Kapitel hilft Ihnen dabei.

WO GEHT'S LANG?

Bitte, wo ist ...?	Sorry, waar is ...? [sorri waar is]
Entschuldigen Sie bitte, wie komme ich nach ...?	Neemt u me niet kwalijk, hoe kom ik naar...? [nemt y me nit qualeck hu komm ick nahr]
Welches ist der kürzeste Weg nach/zu ...?	Wat is de kortste weg naar ... ? [wat is de korrtste wech naar]
Wie weit ist das?	Hoe ver is dat? [hu fer is dat]
Es ist weit.	Het is ver. [et is fer]

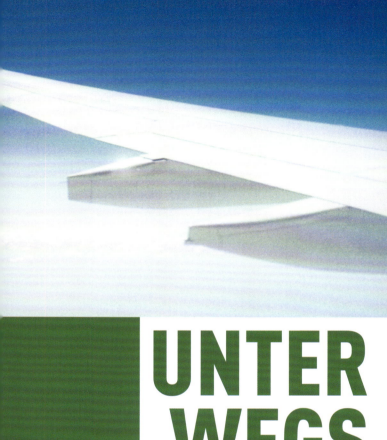

UNTERWEGS

Es ist nicht weit.	Het is niet ver. [et is nit fer]
Gehen Sie geradeaus.	U gaat rechtdoor. [ü chaat rechdoor]
Gehen Sie nach links/nach rechts.	U gaat naar links/naar rechts. [ü chaat naar links/naar rechs]
Erste/Zweite Straße links/rechts.	Eerste/tweede straat links/rechts. [eerste/tweede straat links/rechs]
Überqueren Sie ...	U steekt ... over. [ü stekt ... oower]
die Brücke.	de brug [de brüch]
den Platz.	het plein [et pläin]
die Straße.	de straat [de straat]

Dann fragen Sie noch einmal.	Dan vraagt u het nog een keer. [dan fraacht ü et noch en keer]
Sie können ... nehmen.	U kunt ... nemen. [ü künnt ... neemen]
den Bus	de bus [de büss]
die Straßenbahn	de tram [de trem]
die S-Bahn	de sneltram [de sneltrem]
die U-Bahn	de metro [de meetroo]
den Obus	de trolley(bus) [de trollibüss]

AN DER GRENZE

■ ZOLL/PASS | DOUANE/PASPOORT [duwahne/passpohrt]

IHREN PASS, BITTE! UW PAS, ALSTUBLIEFT. [üw pass alstüblift]

Haben Sie ein Visum? Heeft u een visum? [heeft ü en fisem]

HABEN SIE NICHTS ZU VERZOLLEN? HEEFT U NIETS AAN TE GEVEN? [heeft ü nits aan te cheewen]

Nein, ich habe nur ein paar Geschenke.	Nee, ik heb alleen maar een paar cadeautjes. [nee ik heb alleen maar en paar kadootjes]
Fahren Sie bitte rechts heran.	Rijdt u alstublieft rechts op. [räit ü alstüblift rechs opp]
Öffnen Sie bitte den Kofferraum/diesen Koffer.	Wilt u de kofferruimte/deze koffer openen. [wilt ü de kofferöimte/deese koffer oopenen]
Muss ich das verzollen?	Moet ik dat aangeven? [mut ik dat aangcheewen]
Ausfuhr	uitvoer [öitfuur]
Einfuhr	invoer [infuur]
Einreise (nach)	het binnenreizen (van) [et binnenräisen fan]
Familienname	familienaam [faamilinaam]
Familienstand	burgerlijke staat [bürcherleke staat]
ledig	ongehuwd [onchehüwt]
verheiratet	gehuwd [chehüwt]
Führerschein	rijbewijs n [räibewäis]
Geburtsdatum	geboortedatum [cheboortedaatem]
Geburtsname	(Frau) meisjesnaam [mäischesnaam] (Mann) geboortenaam [cheboortenaam]
Geburtsort	geboorteplaats [cheboorteplaats]
gültig	geldig [chelldech]
Personalausweis	legitimatie [leechitimaatsi]
Reisepass	paspoort n [passpoort]
Staatsangehörigkeit	nationaliteit [naaschoonaalitäit]
Visum	visum n [fisem]

> *www.marcopolo.de/niederlaendisch*

UNTERWEGS

Vorname	voornaam [foornaam]
Wohnort	woonplaats [woonplaats]
Zoll	douane [duwaane]
zollfrei	vrijgesteld van invoerrechten [fräichestelt wan infuurechten]
zollpflichtig	tolplichtig [tollplichtech]

... MIT DEM AUTO/MOTORRAD/FAHRRAD

WIE KOMME ICH NACH ...?
HOE RIJD IK NAAR ...? [hu räit ik naar]

Wie weit ist das?	Hoe ver is dat? [hu fer is dat]
Bitte, ist das die Straße nach ...?	Pardon, is dat de weg naar ...? [pardonn, is dat de wech naar]
Wie komme ich zur Autobahn nach ...?	Hoe kom ik op de snelweg naar ...? [hu komm ik obb de snelwech naar]
Immer geradeaus bis ...	Steeds maar rechtdoor tot ... [steets maar rechdoor tott ...]
Dann links/rechts abbiegen.	Dan links/rechts afslaan. [dan links/rechs afslaan]

VOLL TANKEN, BITTE | VOL, ALSTUBLIEFT [foll, alstüblift]

Wo ist bitte die nächste Tankstelle?	Waar is de dichtstbijzijnde benzinepomp? [waar is de dichstbäisäinde bensinepommp]
Ich möchte ... Liter	Ik wil graag ... liter [ik wil chraach ... liter]
Normalbenzin.	euro. [öroo]
Super.	euro super. [öroo süper]
Diesel.	diesel. [disel]
bleifrei.	loodvrij. [lootfräi]
mit ... Oktan.	met ... octaan. [met ... ocktaan]
Prüfen Sie bitte ...	Controleert u alstublieft ... [konntrolleert ü alstüblift]
den Ölstand.	het oliepeil. [et oolipäil]
den Reifendruck.	de bandenspanning. [de bandespaning]

PARKEN | PARKEREN [parkehren]

Gibt es hier in der Nähe eine Parkmöglichkeit?	Is hier in de buurt een parkeergelegenheid? [is hiir in de bührt en parkeercheleegenhäit]
Kann ich das Auto hier abstellen?	Kan ik de auto hier neerzetten? [kan ik de auto hiir neersetten]

PANNE | PECH [pech]

Ich habe einen Platten.	Ik heb een lekke band. [ik hep en lecke bant]
Würden Sie mir bitte einen Mechaniker/einen Abschleppwagen schicken?	Wilt u alstublieft een monteur/ de takeldienst sturen? [wilt ü alstüblift en monntöhr/de taakeldinst stühren]
Könnten Sie mir mit Benzin aushelfen?	Kunt u mij met benzine uit de nood helpen? [künnt ü mäi met bensine öit de noot helpen]
Könnten Sie mir beim Reifenwechsel helfen?	Kunt u mij helpen bij het (ver)wisselen van de band? [künt ü mäi helpen bäi et ferwiselen wan de bant]
Würden Sie mich bis zur nächsten Werkstatt mitnehmen?	Kunt u me meenemen naar de dichtstbijzijnde garage? [künt ü me meeneemen naar de dichstbäisäinde chraasche]
Würden Sie mich bis zur nächsten Werkstatt/ Tankstelle abschleppen?	Zou u mij tot de eerstvolgende garage/ benzinepomp kunnen slepen? [sou ü mäi tott de eerstfollchende chraasche/bensinepommp künen sleepen]

WERKSTATT | GARAGE [chraasche]

Mein Wagen springt nicht an.	Hij wil niet starten. [häi wil nit starten]
Können Sie mal nachsehen?	Kunt u hem even nakijken? [könnt ü hem eefe naakäiken]
Die Batterie ist leer.	De accu is leeg. [de ackü is leech]
Mit dem Motor stimmt was nicht.	Met de motor klopt iets niet. [met de mootorr kloppt its nit]
Die Bremsen funktionieren nicht.	De remmen doen het niet. [de remmen dun et nit]
... ist defekt.	... is kapot. [is kaapott]
Der Wagen verliert Öl.	Er druppelt olie uit de motor. [er drüppelt ooli öit de mootorr]
Wechseln Sie bitte die Zündkerzen aus.	Ik had graag nieuwe bougies. [ik hat chraach niiwe buschis]
Was wird es kosten?	Hoeveel zal het gaan kosten? [hufeel sal et chaan kossten]

> *www.marcopolo.de/niederlaendisch*

UNTERWEGS

UNFALL | ONGELUK [onchelück]

Rufen Sie bitte schnell …	Belt u direct … [belt ü direkt]
einen Krankenwagen.	een ziekenwagen. [en sikewaachen]
die Polizei.	de politie. [de poolitsi]
die Feuerwehr.	de brandweer. [de brantweer]
Sind Sie verletzt?	Bent u gewond? [bent ü chewont]
Haben Sie Verbandszeug?	Heeft u verbandmiddelen? [heeft ü ferbantmidelen]
Es war meine Schuld.	Het was mijn schuld. [et was mäin s-oült]
Es war Ihre Schuld.	Het was uw schuld. [et was üw s-oült]
Sollen wir die Polizei holen, oder können wir uns so einigen?	Halen wij de politie of kunnen we het zo regelen? [haalen wäi de poolitsi off künnen we et soo reechelen]
Ich möchte den Schaden durch meine Versicherung regeln lassen.	Ik wil de schade via mijn verzekering laten regelen [ik wil de schaade fijaa mäin ferseekering laate reechelen]
Geben Sie mir bitte Ihren Namen und Ihre Anschrift/ Namen und Anschrift Ihrer Versicherung.	Geeft u mij alstublieft uw naam en adres/ uw verzekering op. [cheeft ü mäi alstüblift üw naam en aadres/üw ferseekering opp]
Vielen Dank für Ihre Hilfe.	Hartelijk dank voor uw hulp. [hartelek dank foor üw hülp]

abschleppen	wegslepen [wechsleepen]
Abschleppseil	sleepkabel [sleepkaabel]
Abschleppwagen	takelwagen [taakelwaachen]
Ampel	stoplicht n [stopplicht]
Anlasser	startmotor [startmootorr]
Autobahn	autosnelweg [autosnelwech]
Baustelle	werk in uitvoering [werek in öitfuring]
Benzin	benzine [bensine]
Benzinkanister	jerrycan [dscheriken]
Bremsbelag	remblokvoering [remblockfuring]
Bußgeld	bekeuring [beköhring]
Defekt	mankement n [mankement]
Elektrotankstelle	oplaadstation [opplahtstaschonn]
Erdgastankstelle	aardgaspomp [artchasspomp]
Fahrrad	fiets [fits]
Fahrspur	rijstrook [räistrook]
Fehlzündung	overslaan [ooferslaan], haperen [haaperen]
Felge	velg [felech]
Fernlicht	groot licht n [chroot licht]
Flickzeug	reparatiedoosje [reepaaraatsidoosche]
Führerschein	rijbewijs n [räibewäis]
Fußbremse	voetrem [futrem]

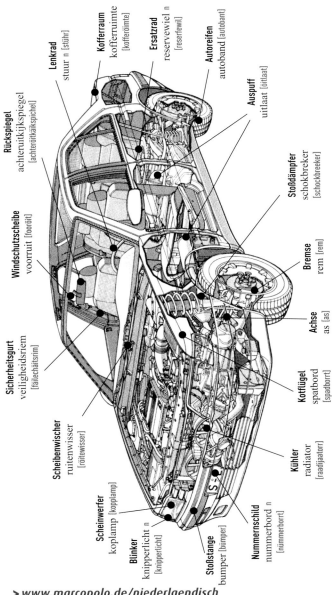

UNTERWEGS

Gang	versnelling [wersneling]
Gaspedal	gaspedaal n [chaspedaal]
gebrochen	gebroken [chebrooken]
Gepäckträger (Fahrrad)	bagagedrager [baachaaschedraacher]
	(Auto) bagagerek n [baachaaschereck]
Getriebe	versnellingsbak [fersnelingsback]
Handbremse	handrem [hantrem]
Heizung	verwarming [ferwarming]
Helm	valhelm [falhelm]
Hupe	claxon [klaksonn]
Kabel	kabel [kaabel]
Keilriemen	V-snaar [feesnaar]
Klingel	bel [bell]
Kühlwasser	koelwater n [kulwaater]
Kupplung	koppeling [koppeling]
Lastwagen	vrachtauto [rachtauto]
Lichtmaschine	dynamo [dinaamoo]
Motor	motor [mootorr]
Motorrad	motor [mootorr]
Motorroller	scooter [skuter]
Notrufsäule	praatpaal [praatpaal]
Oktanzahl	octaangehalte n [ocktaanchehalte]
Öl	olie [ooli]
Ölwechsel	olie verversen [ooli ferfersen]
Panne	pech [pech]
Pannendienst	wegenwacht, ANWB [wechewacht, aaenweebee]
Papiere	papieren [papiren]
Parkhaus	parkeergarage [parkeerchaaraasche]
Parkplatz	parkeerplaats [parkeerplaats]
Promille	promillage n [proomilaasche]
PS	pk [pee kaa]
Radarkontrolle	radarcontrole [raadarkonntroole]
Raststätte	parkeerplaats [parkeerplaats]
Reifenpanne	lekke band [lecke bant]
Schiebedach	schuifdak n [schöifdak]
Schraube	schroef [schruf]
Schraubenschlüssel	sleutel [slöhtel]
Schutzblech	spatbord [spadborrt]
Standlicht	parkeerlicht n [parkeerlicht]
Starthilfekabel	startkabel [startkaabel]
Stau	file [file]
Straße	straat [straat]
Straßenkarte	wegenkaart [weechekaart]
Tachometer	snelheidsmeter [snelhäitsmeeter]

Tankstelle	benzinepomp [bensinepommp]
Tramper/in	lifter [lifter]
Umleitung	omleiding [ommleiding]
Ventil	(im Motor) klep [klepp]
	(am Reifen) ventiel n [fentil]
Vergaser	carburator [karbüraatorr/karbüraatör]
Versicherungskarte, grüne	verzekeringskaart [ferseekeringskaart]
Vollkasko	all-riskverzekering [ollriskferseekering]
Wagenheber	krik [krik]
Wagenwäsche	autowassen n [autowassen]
Warnblinker	knipperlicht n [knipperlicht]
Warndreieck	gevarendriehoek [chewaaredrihuk]
Werkstatt	garage [chraasche]
Werkzeug	gereedschap [chereetschap]
Zündkerze	bougie [buschi]
Zündschloss	contactslot n [kontaktslott]
Zündschlüssel	contactsleuteltje n [kontaktslöhteltje]
Zündung	ontsteking [onntsteeking]

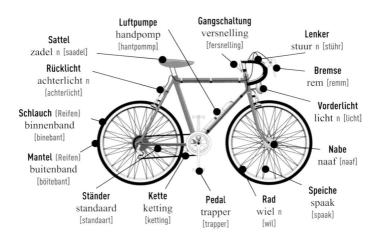

> www.marcopolo.de/niederlaendisch

UNTERWEGS

AUTO-/MOTORRAD-/FAHRRADVERMIETUNG
AUTO-/MOTOR-/FIETSVERHUUR [auto mohtorr fitsferhühr]

Ich möchte für zwei Tage/eine Woche ... mieten.	Ik wil graag voor twee dagen/een week ... huren. [ik wil chraach foor twee daachen/een week hühren]
einen (Gelände-)Wagen	een (terrein)wagen [en teräin waachen]
ein Motorrad/einen Roller	een motor/een scooter [en mootorr/en skuter]
ein Fahrrad	een fiets [en fits]
Wie viel kostet es pro Tag/Woche?	Hoe duur is dat per dag/week? [hu dühr is dat per dach/wehk]
Wie viel verlangen Sie pro gefahrenen km?	Hoeveel vraagt u per kilometer? [hufeel fraacht ü per kiloomeeter]
Ist das Fahrzeug vollkaskoversichert?	Bestaat er een all-riskverzekering? [bestaat er en olriskferseekering]
Ist es möglich, das Fahrzeug in ... abzugeben?	Is het mogelijk de auto in ... terug te geven? [is et moochelek de auto in ... trüch te cheefen]

... MIT DEM FLUGZEUG

ABFLUG | VERTREK [fertreck]

Wo ist der Schalter der ...-Fluggesellschaft?	Waar is het loket van de ... luchtvaartmaatschappij? [waar is et lokät fan de ... lüchtwaartmaatschapäi]
Wann fliegt die nächste Maschine nach ...?	Wanneer gaat het volgende toestel naar ...? [waneer chaat et follchende tüstäl naar ...]
Ich möchte einen (einfachen) Flug nach ... buchen.	Ik wil een (enkele) reis naar ... boeken. [ik wil en enkele räis naar ... buken]
Sind noch Plätze frei?	Zijn er nog plaatsen vrij? [säin er noch plaatsen wräi]
Ich möchte diesen Flug stornieren.	Ik zou deze reis graag willen annuleren. [ik sau deese räis chraach wilen anüleeren]
Gibt es für den Flug einen Vorabend-/Telefon-/Internet-Checkin?	Is er voor de vlucht een pre-/telefonische/internet-check-in? [isser vor de flücht önn pri/telefonise/internett-tscheck-inn]
Kann ich das als Handgepäck mitnehmen?	Is dit handbagage? [is dit handbaachaaghe]
Hat die Maschine nach ... Verspätung?	Heeft het toestel naar ... vertraging? [heeft et tustäl naar ... fertraaching]

28 | 29

ANKUNFT | AANKOMST [aankommst]

Mein Gepäck ist verloren gegangen.	Mijn bagage is verdwenen. [men bachaasche is ferdweenen]
Mein Koffer ist beschädigt worden.	Mijn koffer is beschadigd. [men koffer is beschaadecht]
Ankunftszeit	aankomsttijd [aankommstäit]
Anschluss	aansluiting [aanslöiting]
Anschnallgurt	veiligheidsriem [wäilechhäitsrim]
an Bord	aan boord [aan boort]
Bordkarte	instapkaart [instapkaart]
Buchung	boeking [buking]
Direktflug	non-stop vlucht [nonnstopp flücht]
einchecken	inchecken [intschecken]
Fenstersitz	plaats aan het raam [plaats aan et raam]
Flug	vlucht [flücht]
Fluggesellschaft	luchtvaartmaatschappij [lüchtwaartmaatschapäi]
Flughafenbus	luchthavenbus [lüchthaawebes]
Flughafengebühr	luchthavenbelasting [lüchthaawebelasting]
Flugplan	luchtdienstregeling [lüchdinstreecheling]
Flugschein	ticket n [ticket]
Flugsteig	pier [piir]
Flugstrecke	traject n [traajekt]
Flugzeug	vliegtuig n [wlichtöich]
Gepäck	bagage [baachaasche]
Gepäckausgabe	bagagebureau n [baachaaschebüroo]
Handgepäck	handbagage [hantbaachaasche]
Kapitän	kapitein [kapitäin]
Landung	landing [landing]
Notausgang	nooduitgang [nootöitchang]
Notlandung	noodlanding [nootländing]
Pilot/in	piloot [piloot]
planmäßiger Abflug	vertrek volgens de dienstregeling [fertrek follchens de dinstreecheling]
Rollfeld	landingsbaan [landingsbaan]
Schalter	loket n [lokät]
Schwimmweste	zwemvest n [swemfest]
Sicherheitskontrolle	veiligheidscontrole [fäilechäitskonntrolle]
Steward/ess	steward/stewardess [stjuwert/stjuwerdäss]
stornieren	annuleren [anüleeren]
umbuchen	omboeken [ommbuken]
Verspätung	vertraging [fertraaching]
Zwischenlandung	tussenlanding [tüsselanding]

> *www.marcopolo.de/niederlaendisch*

UNTERWEGS

... MIT DEM ZUG

■ AM BAHNHOF | OP HET STATION [oppet staschon]

Wann fährt der nächste Zug nach ...?	Wanneer vertrekt de volgende trein naar ...? [waneer fertreckt de follchende träin naar]
Eine einfache Fahrt 2. Klasse/ 1. Klasse nach ..., bitte.	Een enkele reis tweede klas/eerste klas naar ..., alstublieft. [en änkele räis tweede klas/ eerste klas naar ... alstüblift]
Zweimal ... hin und zurück, bitte.	Twee retour ..., alstublieft. [twee retuur ... alstüblift]
Gibt es eine Ermäßigung für Kinder/Studenten?	Is er korting voor kinderen/studenten? [is er kortting foor kinderen/studenten]
Bitte eine Platzkarte für den Zug um ... Uhr nach ...	Een kaartje voor de trein van ... uur naar ... alstublieft. [en kaartje foor de träin fan ... ühr naar ... alstüblift]
Hat der Zug aus ... Verspätung?	Heeft de trein uit ... vertraging? [heeft de träin öit ... fertraaching]

Insider Tipps

WIE DIE EINHEIMISCHEN

▶ Zügig am Ziel

Zwischen den großen und mittelgroßen Städten fährt jede halbe Stunde ein Intercity-Zug, zwischen den übrigen 300 Bahnhöfen verkehren ebenfalls halbstündig sogenannte *stoptreinen* (Züge, die an jedem Bahnhof halten).

Es gibt viele attraktive Preisermäßigungen, z. B. für Gruppenfahrten *(meermanskaart)*, Wochenend(rück)fahrten *(weekendretour)* und Railrunner (für Kinder). Alle Fahrkarten erhält man an den *kaartjesautomaten*, gelegentlich auch an Bahnhofskiosken mit Fahrkartenverkauf *(Wizzl)*.

Auch Belgien lässt sich mit der *trein* gut bereisen. Ein besonderes, wenn auch nicht immer bequemes Erlebnis ist eine Fahrt mit der *kusttram*. Diese Straßenbahn fährt alle Badeorte entlang der Belgischen Nordseeküste an.

▶ Fluchen unerwünscht

Die Niederlande sind das einzige Land der Welt, in dem es eine Organisation gegen das Fluchen gibt: der *Bond tegen het Vloeken* (gegründet 1917). In Werbespots und auf Bahnhofsplakaten wird an das Dritte Gebot erinnert. *Trein gemist? Vloek niet!* („Zug verpasst? Fluch´ nicht!")

Habe ich in ... Anschluss an die Fähre?	Heb ik in … aansluiting op de veerboot? [hep ik in … aanslöiting ob de feerboot]
(Wo) Muss ich umsteigen?	(Waar) Moet ik overstappen? [waar mut ik ooferstapen]
Von welchem Gleis fährt der Zug nach ... ab?	Van welk spoor vertrekt de trein naar …? [fan welk spoor fertrekt de träin naar]
Kann ich ein Fahrrad mitnehmen?	Kan ik een fiets meenemen? [kann ick önn fiets meenehmen]

■ IM ZUG | IN DE TREIN [in de träin]

Verzeihung, ist dieser Platz noch frei?	Pardon, is deze plaats vrij? [pardonn is deese plaats fräi]
Hält dieser Zug in ...?	Stopt deze trein in …? [stoppt deese träin in]
Abfahrt	vertrek n [fertrek]
Abfahrtszeit	vertrektijd [fertrektäit]
Abteil	coupé [kupee]
ankommen	aankomen [aankoomen]
Anschlusszug	aansluiting [ahnslöiting]
Aufenthalt	oponthoud n [opponnthout]
aussteigen	uitstappen [öitstappen]
Autoreisezug	autotrein [autoträin]
Bahnhof	station n [staaschonn]
besetzt	bezet [beset]
D-Zug	D-trein [deeträin]
Eilzug	sneltrein [snelträin]
einsteigen	instappen [instapen]
Ermäßigung	korting [korrting]
Fahrkarte	kaartje n, vervoersbewijs n [kaartje, ferfursbewäis]
Fahrkartenschalter	loket n [lokät]
Fahrplan	dienstregeling [dinstreecheling]
Fahrpreis	prijs [präis]
Fensterplatz	plaats aan het raam [plaats aan et raam]
frei	vrij [fräi]
Gepäck	bagage [baachaasche]
Gepäckaufbewahrung	bagagedepot n [baachaaschedepoo]
Gepäckschein	reçu n [resü]
Gleis	spoor n [spoor]
Hauptbahnhof	centraal station n [sentraalstaschonn]
Kinderfahrkarte	kinderkaartje n [kinderkaartje]
Nichtraucherabteil	coupé niet-roken [kupee nitrooken]
Notbremse	noodrem [nootrem]
Raucherabteil	coupé roken [kupee rooken]

> *www.marcopolo.de/niederlaendisch*

UNTERWEGS

reservieren	reserveren [reeserfeeren]
Rückfahrkarte	retourkaartje n [retuurkaartje]
Schlafwagen	slaapwagon [slaapwachon]
Schließfach	bagagekluis [bachascheklöis]
Sitzplatzreservierung	gereserveerde plaats [chereserfehrde plaats]
Speisewagen	restauratiewagen [restooraatsiwaachen]
Stromanschluss	stroomaansluiting [strohmahnslöiting]
Toilette	toilet n [twaalet]
Wartehalle	wachtkamer [wachtkaamer]
Zug	spoorweg [spoorwech]
Zugfähre	treinpont [träinponnt]
Zuschlag	toeslag [tuslach]

... MIT DEM SCHIFF

IM HAFEN | IN DE HAVEN [in de haawen]

Wann fährt das nächste Schiff nach ... ab?	Wanneer gaat de volgende boot naar …? [waneer chaat de follchende boot naar]
Wie lange dauert die Überfahrt?	Hoe lang duurt de overtocht? [hu lang dührt de oofertocht]
Ich möchte eine Schiffskarte nach ...	Ik wil een kaartje naar … [ik wil en kaartje naar]
Ich möchte eine Karte für die Rundfahrt um ... Uhr.	Ik wil een kaartje voor de rondvaart om … uur. [ik wil en kaartje foor de ronntfaart omm … ühr]
Wann legen wir in ... an?	Wanneer leggen we aan in …? [waneer lechen we aan in]

AN BORD | AAN BOORD [aam boort]

Wo ist der Speisesaal/der Aufenthaltsraum?	Waar is de eetzaal/verblijfsruimte? [waar is de eetsaal/ferbläifsröimte]
Ich fühle mich nicht wohl.	Ik voel me niet lekker. [ik ful me nit leker]
Geben Sie mir bitte ein Mittel gegen Seekrankheit.	Geeft u me alstublieft iets tegen zeeziekte. [cheeft ü me alstüblift its teechen seesikte]

Anlegeplatz	aanlegplaats [aanlechplaats]
an Bord	aan boord [aan boort]
Autofähre	autopont [autoponnt]
Buchung	boeking, reservering [buking, reeserweering]
Dampfer	stoomboot [stoomboot]
Deck	dek n [dek]

Eisenbahnfähre	treinpont [träinponnt]
Fahrkarte	kaartje n [kaartje]
Hafen	haven [haawen]
Kabine	hut [hüt]
Kapitän	kapitein [kapitäin]
Küste	kust [küst]
Luftkissenboot	hovercraft [huwerkraft]
Motorboot	motorboot [mooterboot]
Passagier	passagier [pasaaschiir]
Rettungsboot	reddingsboot [reddingsboot]
Rettungsring	reddingsgordel [redingschorrdel]
Ruderboot	roeiboot [rujboot]
Schwimmweste	zwemvest n [swemfest]
Seegang	zeegang [seechang]
seekrank sein	zeeziek zijn [seesik säin]

NAHVERKEHR

■ BUS/U-BAHN | BUS/METRO [büss/meetroo]

Bitte, wo ist die nächste ...	Kunt u me zeggen waar ... is? [künnt ü me sechen waar ... is]
Bushaltestelle?	de dichtstbijzijnde bushalte [de dichstbäisäinde büsshalte]
Straßenbahnhaltestelle?	de dichtstbijzijnde tramhalte [de dichstbäisäinde tremhalte]
U-Bahnstation?	het dichtstbijzijnde metrostation [et dichstbäisäinde meetroostaaschonn]
Welche Linie fährt nach ...?	Welke lijn gaat naar ...? [welke läin chaat naar]
Wann fährt der Bus ab?	Wanneer vertrekt de bus? [waneer fertrekt de büss]
Wo muss ich aussteigen/ umsteigen?	Waar moet ik uitstappen/overstappen? [waar mut ik öitstappen/ ooferstappen]
Wo kann ich den Fahrschein kaufen?	Waar kan ik een strippenkaart kopen? [waar kan ik en strippekaart koopen]
Bitte, einen Fahrschein nach ...	Naar ... alstublieft. [naar ... alstüblift]
Kann ich ein Fahrrad mitnehmen?	Kan ik een fiets meenemen? [kann ick önn fiets meenehmen]
Abfahrt	vertrek n [fertreck]
aussteigen	uitstappen [öitstappen]
Bus	bus [büss]
einsteigen	instappen [instappen]
Fahrer/in	buschauffeur [büseföhr]
Fahrpreis	prijs [präis]

> *www.marcopolo.de/niederlaendisch*

UNTERWEGS

Fahrschein	strippenkaart [strippen kaart]
Haltestelle	halte [halte]
Kontrolleur	conducteur [konndektöhr]
lösen (Fahrschein)	een kaartje kopen [en kaartje koopen]
Schaffner	conducteur [konndektöhr]
Straße	straat [straat]
Straßenbahn	tram [trem]
Tageskarte	dagkaart [kaart]
U-Bahn	metro [meetroo]
Wochenkarte	weekkaart [wehkahrt]

■ TAXI | TAXI [taksi]

Könnten Sie mir bitte ein Taxi rufen?	Wilt u alstublieft een taxi voor me bellen? [willtü alstüblift önn taxi vor me bellen]
Wo ist der nächste Taxistand?	Waar is de dichtstbijzijnde taxistandplaats? [waar is de dichstbäisäinde taksistantplaats]
Zum Bahnhof.	Naar het station. [naar et staasschonn]
Zum ...-Hotel.	Naar het ... hotel. [naar et ... hotel]
In die ...-Straße.	Naar de ... straat. [naar de ... straat]
Nach ..., bitte.	Naar ... alstublieft. [naar ... alstüblift]
Wie viel kostet es nach ...?	Hoeveel is het/Hoeveel kost het naar ...? [hufeel iset/hufeel kosst et naar]
Das ist zu viel.	Dat is te veel. [dat iss te fehl]
Halten Sie bitte hier.	Stopt u hier, alstublieft. [stoppt ü hiir alstüblift]
Das ist für Sie.	Dat is voor u. [dat is foor ü]
Die Quittung, bitte.	Mag ik een kwitantie? [machick en quitannsi]

Fahrpreis	prijs [präis]
Taxifahrer	taxichauffeur [taksischooföhr]
Taxistand	taxistandplaats [taksistantplaats]
Trinkgeld	fooi [fooi]

MITFAHREN

Fahren Sie nach ...?	Rijdt u naar ...? [räit ü naar]
Könnte ich ein Stück mitfahren?	Kan ik een stuk meerijden? [kann ik en stück meräiden]
Ich würde gerne hier aussteigen.	Kunt u mij hier afzetten? [könnt ü mäi hier avsetten]
Vielen Dank fürs Mitnehmen.	Bedankt voor de lift. [bedankt fohr de lift]

> KULINARISCHE ABENTEUER

Mit Spaß bestellen und mit Genuss essen – denn für Sie ist die Speisekarte in Landessprache kein Buch mit sieben Siegeln.

■ ESSEN GEHEN | UIT ETEN GAAN [öit eten chahn]

Wo gibt es hier ... Waar is hier … [waar is hiir]
  ein gutes Restaurant? een goed restaurant? [en chut restorant]
  ein typisches Restaurant? een typisch restaurant [en tipis restorant]
Reservieren Sie uns bitte für heute Abend einen Tisch für 4 Personen. Wilt u voor vanavond een tafel voor vier personen reserveren?
  [wilt ü foor wanaawont en taafel foor fiir persoonen reeserweeren]
Ist dieser Tisch/Platz noch frei? Is deze tafel/plaats nog vrij?
  [is deese taafel/plaats noch fräi]

ESSEN UND TRINKEN

Einen Tisch für 2/3 Personen, bitte.	Een tafel voor twee/drie personen, alstublieft. [en taafel woor twee/dri persoonen alstüblift]
Wo sind bitte die Toiletten?	Waar is het toilet? [waar is et twaalet]
Guten Appetit!	Smakelijk eten! [smakelück eten]/ (Eet u) smakelijk! [etü smakelück]
Prost!	Proost! [proost]
Das Essen ist/war ausgezeichnet!	Het eten is/was heerlijk! [et eten iss/wass hehrlöck]
Ich bin satt, danke.	Het was genoeg, dank u [et wass chenuch dankü]
Darf ich rauchen?	Mag ik roken? [mach ik rooken]

■ BESTELLUNG | BESTELLING [bestelling]

Herr Ober/Bedienung, ...	Meneer [menehr]/juffrouw ... [jüffrau]/ (B; auch zu Frauen) garçon ... [garso],
die Speisekarte, bitte.	mogen wij de kaart? [mochen wäi de kahrt]
die Getränkekarte, bitte	mogen wij de drankenkaart? [mochen wäi de drankenkahrt]
die Weinkarte, bitte.	de wijnkaart graag. [de wäinkahrt chraach]
Was können Sie mir empfehlen?	Wat kunt u mij aanbevelen? [wat künt ü me aambeweelen]
Haben Sie vegetarische Gerichte/Diätkost?	Heeft u ook een vegetarisch menu/dieetkost? [heft ü ok en vechetaris menü/dieetkost]
Was nehmen Sie als ...	Wat neemt u als ... [wat neemt ü als ...]
Vorspeise?	voorgerecht? [foorcherecht]
Hauptgericht?	hoofdgerecht? [hooftcherecht]
Nachtisch?	dessert? [desär]
Ich nehme ...	Ik neem ... [ik neem]
Wir haben leider kein/e ... (mehr).	Sorry, we hebben geen ... meer. [sorri we heben cheen ... meer]
Was wollen Sie trinken?	Wat wilt u drinken? [wat wilt ü drinken]
Bitte ein Glas ...	Een glas ... alstublieft. [en chlas ... alstüblift]
Bitte eine (halbe) Flasche ...	Een (halve) fles ..., alstublieft. [en (halfe) fles ... alstüblift]
Bitte bringen Sie uns ...	Wilt u ons alstublieft ... brengen. [wilt ü onns alstüblift ... brengen]

■ REKLAMATION | KLACHTEN [klachten]

Das Essen ist kalt.	Het eten is koud. [et eten iss kaut]
Das Fleisch ist nicht durch.	Het vlees is niet gaar. [et flehs iss nit chahr]
Haben Sie mein/e ... vergessen?	Heeft u mijn ... vergeten? [heeft ü main ... wercheeten]
Das habe ich nicht bestellt.	Dat heb ik niet besteld. [dat heb ik nit bestelt]
Ich möchte bitte den Chef sprechen!	Ik wil de chef spreken! [ik wil de schef spreeken]

■ BEZAHLEN | AFREKENEN [afrekenen]

Die Rechnung, bitte.	De rekening, alstublieft. [de reekening alstüblift]
Bitte alles zusammen.	Alles op een rekening. [alles opp een reekening]
Könnten Sie mir bitte eine Quittung ausstellen?	Kunt u mij een kwitantie geven? [könnt y mäi ön kwitannsi chefen]
Getrennte Rechnungen, bitte.	Apart alstublieft. [apart alstüblift]

> *www.marcopolo.de/niederlaendisch*

ESSEN UND TRINKEN

Hat es geschmeckt?	Heeft het gesmaakt? [heeft et chesmaakt]
Das ist für Sie.	Dat is voor u. [dat is foor ü]
Es stimmt so.	Zo is het in orde. [soo iset in orrde]
Das Essen ist/war ausgezeichnet!	Het eten is/was heerlijk! [et eten iss/wass hehrlöck]
Vielen Dank für die Einladung!	Bedankt voor de uitnodiging. [bedankt fohr de öitnodeching]
Abendessen	avondeten n [aafonnteeten]
Besteck	bestek n [bestek]
Bestellung	bestelling [besteling]
Diabetiker	diabeticus [dijaabeetikes]
Essig	azijn [aasäin]

WIE DIE EINHEIMISCHEN

Insider Tipps

▶ Subtile Unterschiede

Im **café** wird Alkohol ausgeschenkt. Man bezeichnet es umgangssprachlich auch als *kroeg* [kruch], „Kneipe". Das klassische **bruine** (braune) **café** hat in der Tat braune Wände und Decken, Perserteppiche auf den Tischen und ein Radio, aus dem Stimmungsmusik ertönt. Die **grand cafés** haben großstädtischen Flair, Lesetische und Zeitungen. Dafür bieten die **biercafés** viele Sorten Bier an, im **internetcafé** kann man seinen Lieben zu Hause eine E-Mail schicken, während das **eetcafé** kleine, recht preiswerte Speisen anbietet. Im **koffieshop** trinkt man *koffie* und isst *gebak*. Ein Hanfblatt im Fenster weist darauf hin, dass man hier auch *hasj* (Haschisch) konsumieren und kaufen kann.

▶ Am Schwanz gepackt

Haring (Matjes) kauft man auf der Straße an *haringkarren*. Der Kenner lässt ihn mit *uitjes* [oeitjes], „gehackten Zwiebeln" bestreuen, packt den Fisch am Schwanz, legt den Kopf nach hinten und lässt den Leckerbissen in den Mund gleiten.

▶ Gemeinsame Sache

In der gemütlichen Kneipenrunde werden *rondjes* („Runden") spendiert, die direkt beim Kellner oder an der Theke bezahlt werden. Seien Sie dabei weder zu protzig noch zu geizig!
In Restaurants ist es bei größeren Gruppen weniger üblich, getrennt abzurechnen. Stattdessen wird vorher der Gesamtbetrag eingesammelt und dem Ober auf einmal überreicht.

fettarm	vetarm [fettarrem]
frisch	vers [fers]
Frühstück	ontbijt n [onndbäit] > S. 46
Gabel	vork [forrk]
Gericht	gerecht n [cherecht]
Getränk	drank [drank] > S. 45 f., 50 f.
Gewürz	specerij [speeseräi]
Glas	glas n [chlas]
Gräte	graat [chraat]
Hauptspeise	hoofdgerecht n [hooftcherecht] > S. 47 ff.
heiß	heet [heet]
kalorienarm	caloriearm [kalori-arrem]
kalt	koud [kout]
Kellner/in	ober [ober]
Kinderteller	kinderportie [kinderporrsi]
Knoblauch	knoflook [knofflook]
Koch/Köchin	kok [kock]
kochen	koken [kooken]
Löffel	lepel [leepel]
Messer	mes n [mess]
Mittagessen	lunch [lünsch]
Nachtisch	dessert n, toetje n [desäär, tutje]
Ober	(Anrede) meneer [meneer]
Öl	olie [ooli]
Pfeffer	peper [peeper]
Portion	portie [porrsi]
Salz	zout n [sout]
sauer	zuur [sühr]
scharf	heet [heet]
Senf	mosterd [mosstert]
Serviette	servet n [serfätt]
Soße	saus [saus]
Suppe	soep [sup] > S. 47
süß	zoet [sut]
Tagesgericht	dagschotel [dachschootel]
Teller	bord n [borrt]
Trinkgeld	fooi [fooi]
Vollkorn	volkoren [follkohren]
Vorspeise	voorgerecht n [foorcherecht] > S. 46 f.
Wasser	water n [waater]
würzen	kruiden [kröiden]
zäh	taai [taai]
Zahnstocher	tandenstoker [tandestooker]
(ohne) Zucker	(zonder) suiker [(sonder) söiker]

> *www.marcopolo.de/niederlaendisch*

ESSEN UND TRINKEN

sla
[slaa]

Bonen
[boonen]

peperoni
[pepperoni]

paprika
[paprika]

tomaten
[tomaten]

komkommer
[kommkommer]

bloemkool
[blumkohl]

broccoli
[brockoli]

artisjokken
[artischocken]

champignonnetjes
[schampiejonneches]

aubergines
[oberschines]

selderie, selderij
[sellderi, sellderäi]

Friet
[frit]

uien
[öijen]

knoflook
[knofflook]

gember
[chemmber]

avocado
[avokado]

wortels
[wortels]

kool
[kohl]

prei
[präi]

Asperges
[aspersches]

linzen
[linnsen]

pompoen
[pompun]

courgettes
[kurschettes]

erwten
[ärwten]

kikkererwten
[kickerärwten]

spinazie
[spinasi]

maïs
[majs]

salie
[sali]

munt
[münt]

peterselie
[peterseli]

roosmarijn
[rosmaräin]

abrikozen [abrikosen]	bananen [bananen]	ananas [annenass]	mango [mango]
aardbeien [artbäijen]	perziken [perrsicken]	kiwi [kiwi]	druiven [dröifen]
appels [appels]	peren [peren]	bosbessen [bossbessen]	kersen [kerrsen]
aalbessen [aalbessen]	sinaasappels [sienesappels]	citroen [sitrun]	lemmetje [lemmeche]
papaja [papaja]	watermeloen [watermelun]	suikermeloen [söikermelun]	grapefruit [grepfrut]
granaatappel [chranatappel]	pruimen [pröimen]	mirabellen [mirabellen]	vijgen [fäigen]
lychee [litschi]	pompelmoes [pompelmus]	kokosnoot [kokesnot]	tame kastanjes [tamme kastannjes]
pinda´s [pindas]	cranberry´s [kränberris]	gedroogde vruchten [chedrochde früchten]	studentenhaver [ßtüdentenhafer]

> *www.marcopolo.de/niederlaendisch*

ESSEN UND TRINKEN

brood n [broot]/
toast [toost]

roggebrood n
[rochebrot]

volkorenbrood
[vollkohrebrot]

stokbroodje
[ßtockbroche]

bagel
[begel]

zoute krakeling
[saute krakeling]

Croissant
[kroassan]

knäckebröd
[kneckebröt]

Turks brood
[türks brot]

broodje {l}n{l}
[brootje]

volkorenbroodje
[follkohrenbroche]

pompernikkel
[pompernickel]

wafel
[wafel]

donut
[donütt]

koffiebroodje
[koffibroche]

taart
[taart]

rijstwafel
[räistwafel]

Müsli
[müsli]

cornflakes
[kornfleeks]

yoghurt
[jochert]

Boter
[booter]

eieren pl
[äijeren]

Kaas
[kaas]

melk
[melk]

blauwe schimmelkaas
[blaue ßchimmelkas]

camembert
[camembär]

platte kaas
[platte kas]

kruidenkwark
[kröidequarrek]

smeerkaas
[smeerkas]

parmesaanse kaas
[parmesahnse kas]

schapenkaas
[s-chapekas]

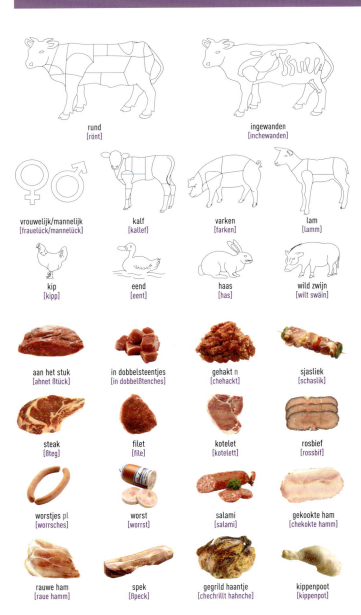

ESSEN UND TRINKEN

zeebaars
[seebars]

forel
[forell]

tonijn
[toonäin]

zalm
[sallem]

sardientjes
[sardinches]

garnalen
[charnaalen]

scampi
[skampi]

zeekreeft
[seekreeft]

mosselen
[mosselen]

calamaris
[kalamaris]

oesters
[usters]

kaviaar
[kaviar]

mineraalwater zonder prik
[mineraalwaater sonder prick]

mineraalwater met prik
[mineraalwaater mätt prick]

melk
[melk]

sojamelk
[sojamelck]

sap
[sapp]

cola
[kola]

energiedrank
[enerschiedrank]

bier
[biir]

thee
[tee]

koffie
[koffi]

cacao
[kaakau]

ijsklontjes
[äisklonnches]

rode wijn
[rode wäin]

witte wijn
[witte wäin]

champagne
[schampanje]

cocktail
[kocktäl]

ONTBIJT [ontbäit] | FRÜHSTÜCK

 Zeigebilder: Seite 42 ff.

Zwarte koffie [swarte koffi]	schwarzer Kaffee
Koffie met melk [koffi mät mälk]	Kaffee mit Milch
Koffie verkeerd [koffi verkehrt]	Milchkaffee
Cafeïne-vrije koffie [kafeejine-fräie koffi]	koffeinfreier Kaffee
Dubbele espresso [dübbele espresso]	doppelter Espresso
Vers gezet [vers gesett]	frisch gebrüht
Thee met melk/citroen [tee mät mälk/sitrun]	Tee mit Milch/Zitrone
Kruidenthee [kröidetee]	Kräutertee
Chocolademelk [schookoolaademälk]	Schokolade
Warme chocolademelk [warme schokolademelk]	heißer Kakao
Met/zonder slagroom [mett off sonder slachrohm]	mit/ohne Sahne
Vruchtensap [früchtesap]	Fruchtsaft
Zachtgekookt ei [sachtchekookt äi]	weiches Ei
Roerei [ruuräi]	Rührei
Eieren met spek [äijere mät späk]	Eier mit Speck
Brood/broodje/toast [broot/brootje/toost]	Brot/Brötchen/Toast
Croissant [kroassan]	Croissant
Boter [booter]	Butter
Kaas [kaas]	Käse
Worst [worrst]	Wurst
Ham [ham]	Schinken
Honing [hooning]	Honig
Jam [schämm]	Marmelade
Müsli [müsli]	Müsli
Yoghurt [jochert]	Joghurt
Een beetje fruit [en beetje fröit]	etwas Obst

VOORGERECHTEN [vorcherechten] | VORSPEISEN

Ansjovis [anschowis]	Sardellen
Ardenner ham met meloen [ardenner hamm met melun]	Ardenner Schinken mit Melone
Bokking [bocking]	Geräucherter Hering
Garnalen [charnaalen]	Krabben
Kreeften [kreeften]	Krebse
Mosselen [mosselen]	Muscheln
Oesters [usters]	Austern
Paling [paaling]	Aal

> *www.marcopolo.de/niederlaendisch*

SPEISEKARTE

■ SOEPEN [suppen] | SUPPEN

Bouillon [buljonn]	Fleischbrühe
Groentesoep [chruntesup]	Gemüsesuppe
Heldere Ossenstaartsoep [helldere ossestaartsup]	Klare Ochsenschwanzsuppe
Kippensoep [kippesup]	Hühnersuppe
Uiensoep [öiesup]	Zwiebelsuppe

■ VIS EN SCHAALDIEREN [fiss en s-chaldieren] | FISCH UND SCHALTIERE ■

 Zeigebilder: Seite 45

Forel [forell]	Forelle
Garnalen [charnaalen]	Krabben
Gebakken Paling [chebacke paaling]	Gebackener Aal
Haring [haaring]	Hering
Inktvis [inktwis]	Tintenfisch
Kreeft [kreeft]	Krebs
Makreel [makreel]	Makrele
Mosselen [mosselen]	Muscheln
Rivierkreeft [rifiirkreeft]	Flusskrebs
Schelvis [schelfis]	Schellfisch
Schol [scholl]	Scholle
Stokvis [stockfis]	Stockfisch
Tarbot [tarbott]	Steinbutt
Tonijn [toonäin]	Thunfisch
Zalm [sallem]	Lachs
Zeekreeft [seekreeft]	Hummer
Zeetong [seetonng]	Seezunge

■ GEVOGELTE EN WILD [chevochelte en wild] | GEFLÜGEL UND WILD ■

 Zeigebilder: Seite 44

Eend [eent]	Ente
Gans [chans]	Gans
Kalkoen [kalkun]	Truthahn
Kip [kipp]	Huhn
Kippenlevertjes [kippeleefertjes]	Hühnerleber
Konijn [koonäin]	Kaninchen

◼ VLEESGERECHTEN [flescherechten] | FLEISCHGERICHTE

 Zeigebilder: Seite 44

Biefstuk [bifstek]	Beefsteak
Blinde vinken [blinde finken]	Kalbfleischrouladen
Kalfszwezerik [kalfssweeserik]	Kalbsbries
Lever [leefer]	Leber
Ossentong [ossetong]	Ochsenzunge
Varkenshaasje [farkenshaasche]	Schweinelende

◼ BIJGERECHTEN [bäicherechten] | BEILAGEN

Aardappelen [aardappelen]	Kartoffeln
Friet [frit]	Pommes frites
Gebakken aardappelen [chebaken aardappelen]	Bratkartoffeln
Gekookte aardappelen [chekookte aardappelen]	Salzkartoffeln
Gemengde salade [chemengde saalaade]	Gemischter Salat
Rijst [räist]	Reis

◼ GROENTE [chrunte] | GEMÜSE

 Zeigebilder: Seite 41

Asperges [aspersches]	Spargel
Andijvie [andäifi]	Endivie
Bonen [boonen]	Bohnen
Doperwten [dopperten]	junge Erbsen
Koolraap [koolraap]	Kohlrabi
Prei [präi]	Porree
Spruitjes [spröitjes]	Rosenkohl
Witlof [wittloff]	Chicorée

◼ STAMPPOT [stamppott] | EINTOPFGERICHTE

Boerenkool met worst [buurekool met worrst]	Grünkohl mit Wurst
Erwtensoep met kluif [ertesup met klöif]	Erbsensuppe mit Wurst und Schweinefleisch

> *www.marcopolo.de/niederlaendisch*

SPEISEKARTE

Hutspot [hütspott] Möhren, Kartoffeln und Lende
Jachtschotel [jachtschootel] Wildklein mit Äpfeln und Kartoffelpüree

TYPISCH NEDERLANDS/VLAAMS [tipis nederlants/flams]
TYPISCH NIEDERLÄNDISCH/FLÄMISCH

Boerenkool met Gelderse rookworst Grünkohl mit Kartoffelbrei
[burekohl mett chelderse rokworst] und geräucherter Wurst
Erwtensoep met worst en kluif Erbsensuppe mit Wurst
[erwtesupp mett worst en klüif] und Schweinefleisch
Hutspot [hüttspott] Eintopf mit Hackfleisch, Karotten, Zwiebeln und Kartoffeln
Stamppot (NL)/stoemp (B) Gemüse, Kartoffeln, Gehacktes
[stamppott/stump]

Kip met mosterd en jeneverbessen Huhn in Senf mit
[kipp met mostert en jeneferbessen] Wacholderbeeren
Konijn met krieken en kriekbier Kaninchen mit Kirschen
[konäin met krieken en kriekbier] und Kirschbier
Mosselen met friet [mossele met friet] Muscheln mit Pommes frites
Paling in het groen [paling innet chrun] Aal in grüner Kräutersoße
Waterzooi [watersoi] Eintopf mit Fisch oder Fleisch
Witlo(o)f met ham/hesp in de oven Überbackener Chicorée
[wittloff met hamm/hesp in de ofen] mit Schinken

WAFELS/PANNENKOEKEN/DESSERTS [wafels/pannekuken/dessärts]
WAFFELN/PFANNKUCHEN/NACHSPEISEN

 Zeigebilder: Seite 42

Luikse wafels [lüikse wafels] Waffeln Lütticher Art
Fruitwafels [früitwafels] Waffeln mit Obst gefüllt
Wafels met poedersuiker Waffeln mit Puderzucker
[wafels met pudersüiker]
Pannenkoek [pannekuk] Pfannkuchen
Pannenkoeken met stroop Pfannkuchen mit Sirup
[pannekuken met strop]
Geflambeerde pannenkoeken met kersen Flambierte Pfannkuchen
[cheflambeerde pannekuken] mit Kirschen
Vla [fla] Vanillepudding
Poffertjes [poffertjes] Kleinste Pfannkuchen mit Puderzucker

Flensjes [flensches]	Crêpes
Kaasbordje [kasbortje]	Käseplatte
Soesjes met chocolade [susches met schokolade]	Miniwindbeutel mit Schokolade
Citroenmousse [sitrunmus]	Zitronenmousse
Compote [kommpott]	Kompott
Vers fruit [fers früit]	Frisches Obst
Aardbeien met slagroom [artbäien met slachrohm]	Erdbeeren mit Schlagsahne
Fruitsalade [fröitsaalaade]	Obstsalat
Gember mit room [chember met room]	Ingwer mit Sahne
IJs [äis]	Eis
Kaneelijs met room [kanehläis met rohm]	Zimteis mit Sahne
IJskoffie [äiskoffi]	Eiskaffee
IJstaart [äistaart]	Eistorte
Roomijs [roomäis]	Sahneeis
Slagroom [slachroom]	Schlagsahne

ALCOHOLVRIJE DRANKEN [allkohollfräie dranken]
ALKOHOLFREIE GETRÄNKE

Cacao [kaakau]	Kakao
Koffie [koffi]	Kaffee
Melk [melk]	Milch
Thee [tee]	Tee
Alcoholvrij bier [alkehollfrei biir]	Alkoholfreies Bier
Appelsap [appelsapp]	Apfelsaft
Limonade [liimoonaade]	Limonade
Mineraalwater/spa [mineraalwaater/spaa]	Mineralwasser
met/zonder prik [mätt/sonder prick]	mit/ohne Kohlensäure
Sinaasappelsap [sinesapelsapp]	Orangensaft
Tomatensap [toomaatesapp]	Tomatensaft

ALCOHOLISCHE DRANKEN [allkoholise dranken]
ALKOHOLISCHE GETRÄNKE

Bier [biir]	Bier
Bier van het vat [biir fan et fat]	Fassbier
Champagne [schampanje]	Sekt/Champagner
Flessenbier [flesebiir]	Flaschenbier

> *www.marcopolo.de/niederlaendisch*

GETRÄNKEKARTE

Wijn [wäin]	Wein
droog [droock]	trocken
zoet [sut]	lieblich
Brandewijn [brandewäin]	Weinbrand, Cognac
Bittertje [bittertje]	Genever mit Angostura
Jenever [jeneefer]	Genever
Likeur [liköhr]	Likör

WIE DIE EINHEIMISCHEN

Insider Tipps

▶▶ Süß und bunt

Auch auf dem Brot mögen's die Niederländer gerne süß und bunt, z. B. mit *hagelslag* [haachelslach] („Schokostreusel"), *pindakaas* [pinndakas] („Erdnussbutter") oder *muisjes* [moisches] („Anissamen mit Zuckerglasur"). *Beschuit met muisjes* [beßchoit mett moisches] („Zwieback mit Anis") wird traditionell zur Geburt eines Kindes gereicht.

▶▶ Koffie? Koffie!

Die Niederländer stehen mit einem Pro-Kopf-Verbrauch von 9 kg Rohkaffee an vierter Stelle in der europäischen Kaffeekonsumstatistik; nur die Skandinavier trinken noch mehr davon.
Im niederländischen Tagesablauf wird etwa jede Stunde eine Tasse Kaffee getrunken. Bei Privatbesuchen ersetzt die Frage *Koffie?* nahezu die Begrüßung. Die Antwort lautet meistens: *Ja lekker!* Umgangssprachlich wird der braune Muntermacher auch als *bakkie* bezeichnet. Nach einem Einkaufsbummel schmeckt er besonders gut zu einem Stück *appeltaart* (Apfelkuchen).

▶▶ Proost!

Das Nationalgetränk ist der *borrel*: das Glas *jenever* (Getreideschnaps). „Borrel-Zeit" *(borreltijd)* ist ab 17 Uhr. Zum Borrelen gehört nicht nur das Trinken, sondern vor allem das von Ritualen geprägte gesellige Beisammensein. Zur Trinketikette gehört, dass man den ersten Schluck aus einem bis zum Rande gefüllten Geneverglas nimmt, ohne das Gefäß anzufassen. Dazu schmecken *borrelhapjes* wie Käse, Leberwurst, Erdnüsse oder Oliven. Die Popularität des *borrel* belegen die zahlreichen Synonyme dieses Worts. Die häufigsten sind: *klare, neut, jonkie, pikketanesie, hassebassie*. Etwas schillernder sind: *champagne-militair, petroleum, uppercut, lethe-drank* und *meisjesbier*.

> ERFOLGREICH SHOPPEN

Mal ist es der schicke Schuh oder das schöne Souvenir, mal die Zahnbürste oder das Vollkornbrot – jetzt sind Sie für alle Eventualitäten gerüstet. Plus: praktische Zeigebilder

■ IM GESCHÄFT | IN DE WINKEL [in de winkel]

Danke, ich sehe mich nur um.	Dank u, ik kijk alleen maar! [dankü ick käick allehn mar]
Entschuldigen Sie bitte, wo finde ich …?	Pardon, waar vind ik … ? [pardonn wahr fintick]
Ich möchte …	Ik wil graag … [ik wil chraach]
Haben Sie …?	Heeft u …? [heeft ü]
Nehmen Sie Kreditkarten?	Accepteert u creditcards? [aksepteert ü kreditkarts]
Wie viel kostet es?	Hoe duur is het? [hu dühr is et]
Das ist aber teuer!	Dat is wel duur! [dat iss well dühr]

EIN KAUFEN

Können Sie am Preis noch etwas machen?	Kunt u met de prijs nog iets omlaag? [könnt y medde präis noch its omlaach]	
Ich zahle höchstens ...	Ik betaal hoogstens [ick betahl hochstens]	
Ich nehme es.	Ik neem het. [ik neem et]	
Können Sie mir ein ...geschäft empfehlen?	Kunt u me een ...zaak aanbevelen? [könnt y me en sak ambefehlen]	

ÖFFNUNGSZEITEN OPENINGSTIJDEN [openingstäiden]
offen geopend [cheopent]
geschlossen dicht [dicht], gesloten [chesloten]
Betriebsferien vakantie [fakansi]

GESCHÄFTE | WINKELS [winkels]

inlichting
[inlichting]

postkantoor n
[posstkantoor]

apotheek
[aapooteek]

drogisterij
[droochisteräi]

bakkerij
[backeräi]

groenteboer
[chruntebuhr]

slagerij
[slaacheräi]

biowinkel
[biowinkel]

schoenenwinkel
[schunewinkel]

opticien
[opptischän]

juwelier
[jüweliir]

lederwinkel
[lederwinkel]

elektrozaak
[eelektoosaak]

computerwinkel
[kompjuterwinkel]

fotoartikelen pl
[footooartikelen]

belwinkel
[bellwinkel]

krantenverkoper
[kranteferkooper]

boekhandel
[bukhandel]

platenzaak
[platensak]

speelgoedwinkel
[speelchutwinkel]

wijnhandel
[wäinhandel]

slijterij
[släiteräi]

tabakswinkel
[taabakswinkel]

sportartikelen
[sportartikelen]

bloemenzaak
[blumesaak]

kapper
[kapper]

huishoudelijke artikelen pl
[höishaudeleke artikelen]

reisbureau n
[räisbüroo]

Einkaufszentrum	winkelcentrum [winkelsentrümm]
Flohmarkt	rommelmarkt [rommelmarkt]
Kaufhaus	warenhuis n [waarehöis]
Markt	markt [marrekt]
Reiseandenken	souvenirtje n [suveniertje]
Supermarkt	supermarkt [süpermarkt]

> *www.marcopolo.de/niederlaendisch*

EINKAUFEN

APOTHEKE | APOTHEEK [apoteek]

Arzt: Seite 88 ff.

Wo ist die nächste Apotheke?	Waar is de dichtstbijzijnde apotheek? [waar is de dichstbäisäinde apoteek]
Geben Sie mir bitte etwas gegen ...	Heeft u iets tegen ...? [heeft ü its teechen ...]

MAN NEHME ... MEN NEME ... [menn nehme]

innerlich	inwendig [inwändech]
äußerlich	uitwendig [öitwendech]
auf nüchternen Magen	op de nuchtere maag [obde nüchtere mahch]
vor dem Essen	voor het eten [vor ött eten]
nach dem Essen	na het eten [nah ött eten]
unzerkaut mit etwas Flüssigkeit einnehmen	zonder kauwen met wat vloeistof doorslikken [sonder kauen mett wat flujs-toff dorslicken]
in etwas Wasser auflösen	in wat water oplossen [in wat water opplossen]
im Mund zergehen lassen	in de mond uiteen laten vallen [in de monnt öitehn laten fallen]

weiter auf Seite 58

WIE DIE EINHEIMISCHEN

Insider Tipp

Alles Käse

Dass Frau Antje viel Käse produziert, ist bekannt. Daher stammt der Ausdruck: *zich de kaas niet van het brood laten eten* („sich den Käse nicht vom Brot essen lassen"/„sich nicht die Wurst vom Brot nehmen lassen"). Wenn ein Niederländer von etwas *geen kaas heeft gegeten* („keinen Käse gegessen hat"), bedeutet das, dass er davon nicht das Geringste versteht. Fällt er dagegen *met de neus in de boter* („mit der Nase in die Butter"), dann ist gemeint, dass er gerade im richtigen Moment in Erscheinung tritt.

DROGERIE | DROGIST [droochist]

zeep
[seep]

deodorant
[deejoodorrant]

crème
[krämm]

toiletpapier n
[twaaletpaapiir]

tandenborstel
[tandeborrstel]

tandpasta
[tampastaa]

tandzijde
[tantsäide]

papieren zakdoekjes pl
[paapiren sagdukjes]

shampoo
[schampoo]

haarversteviger
[haarfersteewecher]

kam/haarborstel
[kamm/haarborrstel]

spiegel
[s-piechel]

nagelvijl
[nachelfäil]

pincet n
[pinnsett]

nagelschaartje n
[nahchels-chartje]

parfum n
[parfüm]

tampons pl
[tamponns]

maandverband n
[maantferbant]

mascara
[maskaaraa]

lippenstift
[lippestift]

scheermes n
[scheermess]

scheerapparaat n
[scheerapaaraat]

aftershave
[afterscheef]

condoom n
[konndoom]

zonnebrandcrème
[sonnebrantkrämm]

kruik
[kröik]

pleister
[pläister]

oropax
[ohropacks]

naald
[nahlt]

draad
[draht]

veiligheidsspeld
[fäilechäitspellt]

knoop
[knop]

> *www.marcopolo.de/niederlaendisch*

EINKAUFEN

ELEKTRO/COMPUTER/FOTO
ELEKTRO/COMPUTER/FOTO [elektro/kompjuter/foto]

zaklantaarn
[sacklantaaren]

gloeilamp
[chlujlamp]

batterij
[bateräi]

adapter
[aadapter]

laptop
[lepptopp]

oplaadkabel
[opplatkabel]

cd/dvd
[sehdeh, dehvehdeh]

geheugenstick
[chehöchestick]

printer
[printer]

scanner
[skenner]

mobieltje
[mo'biltja]

oplaadkabel
[opplatkabel]

televisie
[telefisi]

radio
[raadijoo]

MP3-speler/iPod
[empedrißpehler, aipott]

koptelefoon
[koppteelefoon]

digitale camera
[dichitale kamera]

teleobjectief n
[teeleobjektif]

batterij
[batteräi]

geheugenkaart
[chehöchekahrt]

film
[film]

dia
[dia]

onderwatercamera
[onderwaterkamera]

filmcamera
[fillmkaameraa]

wekker
[wecker]

elektrisch scheerapparaat
[elektris ßchehrapperat]

elektrische tandenborstel
[elektrise tanndeborrstel]

föhn
[föhn]

56 | 57

Abführmittel	laxeermiddel n [lakseermiddel]
Antibabypille	anticonceptiepillen [antikonnsepsipillen]
Antibiotikum	antibioticum [antibijootikem]
Aspirin	aspirine [aspirine]
Augentropfen	oogdruppels [oochdrüppels]
Beruhigungsmittel	kalmeringsmiddel [kalmeeringsmiddel]
Brandsalbe	brandzalf [brantsalf]
Desinfektionsmittel	desinfecterend middel n [desinfeckteerent middel]
Fieberthermometer	koortsthermometer [koortstermoomeeter]
Gegengift	tegengif n [teechechif]
Gurgelwasser	gorgeldrankje n [chorrcheldrankje]
Halstabletten	keeltabletten pl [keeltaabletten]
Hustensaft	hoestdrank [husdrank]
Insektenmittel	insektenmiddel n [insektemiddel]
Insulin	insuline [insüline]
Jod(tinktur)	jodium(tinctuur) [jodijemtinktühr]
Kamillentee	kamillethee [kaamilletee]
Kondom	condoom n [konndoom]
Kopfschmerztabletten	hoofdpijntabletten [hooftpäintaableten]
Kreislaufmittel	middel n voor de bloedsomloop [midel foor de blutsommloop]
Magentropfen	maagdruppels [maachdrüppels]
Medikament	medicijn n [meedisäin]
Mittel	middel n [middel]
Mullbinde	zwachtel [swachtel]
Nebenwirkungen	bijverschijnselen pl [bäiwerschäinselen]
Ohrentropfen	oordruppels pl [oordrüppels]
Pflaster	pleister [pläister]
Puder	poeder n [puder]
Rezept	recept n [reseppt]
Salbe	zalf [salf]
Schlaftabletten	slaaptabletten pl [slaaptaabletten]
Schmerztabletten	pijnstillende tabletten pl [päinstillende taabletten]
Sonnenbrand	zonnebrand [sonnebrant]
Tablette	tablet [taablett]
Traubenzucker	druivensuiker [dröiwesöiker]
Tropfen	druppels pl [drüppels]
Zäpfchen	zetpil [setpil]

■ FRISEUR | KAPPER [kapper]

Kann ich mich für morgen anmelden?	Kan ik voor morgen een afspraak maken? [kan ik foor morrchen en afspraak maaken]

> *www.marcopolo.de/niederlaendisch*

EINKAUFEN

Waschen und föhnen, bitte.	Wassen en föhnen, alstublieft. [wassen en föhnen alstüblift]
Schneiden mit/ ohne Waschen, bitte.	Knippen en/zonder wassen, alstublieft. [knippen en/sonnder wassen alstüblift]
Ich möchte ...	Ik wil graag ... [ik wil chraach]
mir die Haare färben/ tönen lassen.	mijn haar laten verven/laten tinten. [men haar laaten ferfen/laaten tinten]
Etwas kürzer/ Nicht zu kurz/ Ganz kurz, bitte.	Niet te kort/Heel kort/Een beetje korter, alstublieft. [nit te kortt/heel korrt/en beetje korrter alstüblift]
Rasieren, bitte.	Scheren, alstublieft. [scheeren alstüblift]
Stutzen Sie mir bitte den Bart.	Mijn baard bijknippen, alstublieft. [men baart bäiknipen alstüblift]
Vielen Dank. So ist es gut.	Dank u wel. Zo is het prima. [dank ü wel. soo is et primaa]

Augenbrauen zupfen	wenkbrauwen trimmen [wenkbrauen trimmen]
Bart	baard [baart]
färben	verven [ferfen]
föhnen	föhnen [föhnen]
frisieren	kappen [kappen]
Frisur	kapsel n [kappsel]
glätten	straighten [ßtrejten]
Haar	haar n [haar]
Haarschnitt	haarkapsel [haarkappsel]
kämmen	kammen [kammen]
Locken	krullen pl [krüllen]
Pony	pony [ponni]
Scheitel	scheiding [schäiding]
Schnurrbart	snor [snorr]
Schuppen	roos [roos]
Shampoo	shampoo [schampoo]
Spitzen schneiden	punten bijknippen [pünnten bäiknippen]
Strähne	(hell) highlight/(dunkel) lowlight [hailait, lolait]
Stufen	laagjes [lahchjes]
tönen	kleurspoeling geven [klöhrspuling cheefen]

KLEIDUNG | KLEDING [kleding]

Können Sie mir ... zeigen?	Kunt u mij ... laten zien? [künt ü mäi laaten sin]
Kann ich es anprobieren?	Kan ik het passen? [kan ik et passen]
Welche (Konfektions-)Größe haben Sie?	Welke maat heeft u? [welke maat heeft ü]
Das ist mir zu ...	Dat is mij te ... [dat is mäi te]
eng/weit.	nauw/wijd. [nou/wäit]

kurz/lang.	kort/lang. [korrt/lang]
klein/groß.	klein/groot. [kläin/chroot]
Das passt gut.	Dat past goed. [dat passt chut]
Ich nehme es.	Ik neem het. [ik neem het]
Das ist nicht ganz, was ich möchte.	Dat is niet precies wat ik zoek. [dat is nit presis wat ik suk]
Danke, ich denke nochmals darüber nach.	Bedankt, ik moet er nog eens over nadenken [bedankt ick mut er noch ens ofer nahdenken]

■ LEBENSMITTEL | LEVENSMIDDELEN [leefensmiddelen]

Eine ausführliche Übersicht von Lebensmitteln und Gerichten finden Sie im Kapitel ESSEN UND TRINKEN auf Seite 41 ff.

Was darf es sein?	Zegt u het maar. [secht ü et maar]
Geben Sie mir bitte ...	Graag ... [chraach]
ein Pfund (500 g) ...	een pond (500 g) ... [en pont (faifhondert chramm)]
ein Kilo ...	een kilo ... [een kiloo]
ein Stück von ...	een stukje ... [en stückje]
eine Packung ...	een pakje ... [en packje]
ein Glas ...	een pot ... [em pott]
eine Dose ...	een blik ... [en blik]
eine Flasche ...	een fles ... [en fles]
eine Einkaufstüte.	een plastic tasje. [en plestek tasche]
Danke, das ist alles.	Dank u, dat is alles. [dankü dat is alles]

Backwaren	bakwaren [backwaren] > S. 43, 46
Biokost	biologische kost [biolochise kost]
Brot	brood n [broot] > S. 43, 46
Brötchen	broodje n [brootje] > S. 43, 46
Butter	boter [booter] > S. 43, 46
Eier	eieren pl [äijeren] > S. 43, 46
Eis	ijs n [äis] > S. 50
Essig	azijn [aasäin]
Fisch	vis [fis] > S. 45, 47
Fleisch	vlees n [flees] > S. 44, 47 f.
frisch	vers [fers]
Gemüse	groente [chrunte] > S. 41, 48
Getränke	dranken [dranken] > S. 45, 50 f.
Kaffee	koffie [koffi] > S. 45 f., 50

weiter auf Seite 62

> **www.marcopolo.de/niederlaendisch**

EINKAUFEN

 T-shirt n [tischört]

 trui [tröi]

 capuchontrui [kappüschonntröi]

 jasje n [jasche]

 broek [bruk]

 shorts [schorts]

 rok [rock]

 riem, gordel [rim, chorrdel]

 bloes [blus]

 overhemd n [ooferhemt]

 jasje n [jasche]

 vest n [fest]

 pak n [pack]

 jurk [jürk]

 kostuum n [kosstüm]

 jas [jas]

 panty [penti]

 ondergoed n [onnderchut]

  badjas [battjas]

 sokken/kousen [socken/kousen]

 zwembroek [swembruk]

 badpak n [battpack]

 bikini [bikini]

 muts, pet [müts, pet]

 hoed [hut]

 handschoenen pl [hantschunen]

 sjaal [schaal]

Käse	kaas [kaas] > S. 43, 46
Margarine	margarine [marchaarine]
Marmelade	jam [schem] > S. 46
Mehl	meel [meel]
Milchprodukte	zuivelproducten [söifelprodückten] > S. 43
Nudeln	noedels pl [nudels]
Obst	fruit n [fröit] > S. 42, 46, 49 f.
Öl	olie [ooli]
Pfeffer	peper [peeper]
Sahne	room [room]
Salz	zout n [saut]
Schokolade	chocolade [schookoolaade] > S. 46
Süßigkeiten	snoep n [snup] > S. 49 f.
Vollkorn	volkoren [follkohren]
Würstchen	worstjes pl [worrsches]
(ohne) Zucker	(zonder) suiker [(sonder) söiker]

OPTIKER | OPTICIEN [opptischen]

Würden Sie mir bitte diese Brille reparieren?	Wilt u deze bril voor mij maken? [wilt ü deese bril foor me maaken]
Ich bin kurzsichtig/weitsichtig.	Ik ben bijziend/vérziend. [ik ben bäisint/fersint]
Wie ist Ihre Sehstärke?	Wat voor sterkte heeft u? [wat for sterkte heeft ü]
rechts ..., links ...	rechts ..., links ... [rechs ... links ...]
Ich brauche ...	Heeft u ook ... [heeft ü ook]
Aufbewahrungslösung	bewaarlotion [bewaarlooschonn]
Reinigungslösung	reinigingsmiddel [räinechingsmidel]
für harte/weiche Kontaktlinsen?	voor harde/zachte contactlenzen? [foor harde/sachte konntaktlensen]
Ich suche ...	Ik zoek ... [ik suk]
eine Sonnenbrille.	een zonnebril. [en sonnebril]
ein Fernglas.	een verrekijker. [en ferekäiker]

SCHMUCKWAREN | SIERADEN [siraaden]

Meine Uhr geht nicht mehr. Können Sie mal nachsehen?	Mijn horloge staat stil. Kunt u het even nakijken? [mäin horrlooschc staat stil. künt ü et eefen naakäiken]
Ich möchte ein hübsches Andenken/Geschenk.	Ik wil een mooi souvenir/cadeau. [ik wil en mooi sufeniir/kadoo]

> *www.marcopolo.de/niederlaendisch*

EINKAUFEN

Anhänger	hanger(tje) [hangertje]
Armband	armband [armbant]
Armbanduhr	polshorloge n [pollshorrloosche]
Brosche	broche [brosch]
echt	echt [ächt]
(Edel-)Stein	(edel)steen [(edel)ßteen]
Gold	goud n [chout]
Kette	ketting [ketting]
Kristall	kristal(glas) n [kristalchlas]
Modeschmuck	modieze sieraden pl [modijöse siraaden]
Ohrringe	oorbellen pl [orbelle]
Perle	parel [paarel]
Ring	ring [ring]
Schmuck	sieraden pl [siraaden]
Silber	zilver [silfer]
wasserdicht	waterdicht [waterdicht]

SCHUHGESCHÄFT | SCHOENENZAAK [schunesaak]

Ich möchte ein Paar …schuhe.	Ik wil graag een paar …schoenen. [ik wil chraach en paar … schunen]
Ich habe Schuhgröße …	Ik heb maat … [ik hep maat]
Sie sind zu eng/weit.	Ze zijn te klein/te groot. [se säin te kläin/te chroot]
(mit) Absatz	(met) hak [(mett) hack]
Damenschuh	damesschoen [dameßchun]
Gummistiefel	rubberlaarzen [rübberlaarsen]
Leder-/Gummisohle	leren/rubberen zool [lehre/rübbere sohl]
Männerschuh	herenschoen [heereßchun]
Mokassin	mocassin [mokasän]
Sandalen	sandalen pl [sandaalen]
Schuhe	schoenen pl [schunen]
Schuhcreme	schoensmeer [schunsmeer]
Stiefel	laarzen pl [laarsen]
Turnschuhe	sportschoenen pl [sporrtschunen]
Wander-/Trekkingschuh	wandel-/trekkingschoen [wandelßchun, trekkingßchun]

SOUVENIRS | SOUVENIERS [suveniers]

Ich hätte gern ...	Ik had graag ... [ich hatt chraach]
ein hübsches Andenken.	een leuk souvenirtje. [en lök souvenirtje]
etwas Typisches aus dieser Gegend.	iets dat typisch is voor deze streek. [its dat tipis iss vor deze s-treg]
Ich möchte etwas nicht zu Teures.	Het hoeft niet al te duur te zijn. [öthuuftnit all te dühr te säin]
Das ist aber hübsch.	O maar dat is leuk. [o mahr dat iss lök]
Danke schön, ich habe nichts gefunden (, das mir gefällt).	Bedankt, er is niets voor mij bij. [bedankt driss nits bäi vor mäi]
Blumenzwiebeln	bloembollen pl [blumbollen]
Groninger Gewürzkuchen	Groningse kruidkoek [chroningse kröitkuck]
Holzschuhe	klompen pl [klompen]
Kaffeekaramellbonbons	Haagsche Hopjes® pl [hahchse hoppjes]
Käse	kaas [kahs]
Kuhwasserkessel	koeienfluitketel [kujeflöitketel]
Mitbringsel	aardigheidje n [ardechäitjes]
Nippes	hebbedingetjes pl [hebbedinngetjes]
Plüschseemöwe	plusche zeemeeuw [plüsche seemeeu]
Delfter Mühle	Delfts molentje n [dellefs molenche]
Zaandammer Senf	Zaanse mosterd [sahnse mosstert]
Schiedammer Jenever	Schiedamse jenever [s-chidammse jenever]
Schmuck	sieraden pl [sieraden]
Sirupwaffeln	stroopwafels pl [s-troopwafels]

SCHREIBWAREN UND BÜCHER
SCHRIJFWAREN EN BOEKEN [schräifwaren en bucken]

Ich hätte gern ...	Ik wil graag ... [ik wil chraach]
eine deutsche Zeitung.	een Duitse krant. [en döitse krant]
eine Zeitschrift.	een tijdschrift. [en täitschrift]
einen Reiseführer.	een reisgids. [en räischits]
einen deutschen/ englischen Roman.	een Duitse/Engelse roman. [en döitse/engelse romann]
einen Kriminalroman.	een misdaadroman. [en missdahtromann]
einen Reiseführer.	een reisgids. [en räischitts]

> *www.marcopolo.de/niederlaendisch*

EINKAUFEN

Bleistift	potlood n [pottloot]
Briefmarke	postzegel [posseechel]
Briefpapier	briefpapier n [brifpaapiir]
Briefumschlag	envelop [anvlopp]
Klebstoff	lijm [läim]
Kochbuch	kookboek n [kokbuck]
Kugelschreiber	balpen [ballpenn]
Landkarte	landkaart [lantkaart]
Notizblock	notitieblok n [nootitsiblock]
Papier	papier [paapiir]
Postkarte	briefkaart [brifkaart]
Radiergummi	gum n [chomm]
Roman	roman [roomann]
Spielkarten	een spel kaarten n [en spel kaarten]
Stadtplan	stadsplattegrond [statsplattechronnt]
Straßenkarte	wegenkaart [weechekaart]
Taschenbuch	pocket [pocket]
Wanderkarte dieser Gegend	wandelkaart van de omgeving [wandelkart fann de ommchefing]
Zeichenblock	tekenblok n [teekenblock]
Zeitschrift	tijdschrift n [täitschrift]
Zeitung	krant [krant]

WIE DIE EINHEIMISCHEN

Insider Tipp

▶▶ Für junge und alte Leseratten

In jeder großen und kleinen Stadt gibt es gut ausgestattete *boekhandels* (Buchläden). Weit verbreitet sind auch Kinderbuchläden, Ramschbuchhandlungen und Antiquariate. In den *stripwinkels* (Comicläden) können Sie Comics der *smurfen* (Schlümpfe), von *Kuifje* (Tim) und *Guust Flater* (Gaston) kaufen, mit deren Hilfe Sie Ihre Niederländischkenntnisse spielend erweitern können.

Dicht gesät und gut ausgestattet sind auch die öffentlichen Bibliotheken. Vielerorts in Belgien und den Niederlanden können Badegäste aus sog. *strandbibliotheken* kostenlos Bücher entleihen und mit zum Strand nehmen.

> ZIMMER MIT AUSSICHT

Ob W-LAN im Hotel, die Kinderbetreuung in der Ferienanlage, die Rechnung per Kreditkarte – alles nur eine Frage des Service. Äußern Sie Ihre Wünsche!

AUSKUNFT

 Reiseplanung: Seite 8 ff.

Können Sie mir bitte ... empfehlen?	Kunt u mij alstublieft ... aanbevelen? [künt ü me alstüblift ... aambeweelen]
ein gutes Hotel	een goed hotel [en chut hootel]
eine Pension	een pension [en penschonn]
ein Zimmer	een kamer [en kaamer]
einen Campingplatz	een camping [en kemping]
eine Jugendherberge	jeugdherberg, hostel [en jöchtherberrech, hostel]

ÜBER NACHTEN

... IM HOTEL

REZEPTION | RECEPTIE [resepsi]

Ich habe bei Ihnen ein Zimmer reserviert. Mein Name ist …	Ik heb een kamer bij u gereserveerd. Mijn naam is … [ik hep en kaamer bäi ü chereeserweert. mäin naam is]
Haben Sie noch Zimmer frei?	Heeft u nog kamers vrij? [heeft ü noch kaamers fräi]
… für eine Nacht.	… voor een nacht. [foor een nacht]
… für zwei Tage.	… voor twee dagen. [foor twee daachen]
… für eine Woche.	… voor een week. [foor een week]

Nein, wir sind leider vollständig belegt.	Nee, we zijn helaas helemaal vol. [nee we säin heelaas heelemaal foll]
Ja, was für ein Zimmer wünschen Sie?	Ja, wat voor 'n kamer wilt u graag? [jaa wat foor en kaamer wilt ü chraach]
ein Einzelzimmer	een eenpersoonskamer [en eenpersoonskaamer]
ein Zweibettzimmer	een tweepersoonskamer [en tweepersoonskaamer]
mit Dusche	met douche [medusch]
mit Bad	met bad [med bat]
ein ruhiges Zimmer	een rustige kamer [en rüsteche kaamer]
mit Blick aufs Meer	met uitzicht op zee [met öitsicht opp see]
Kann ich das Zimmer ansehen?	Kan ik de kamer zien? [kan ik de kaamer sin]
Können Sie noch ein drittes Bett dazustellen?	Kunt u er nog een bed bijzetten? [künt ü er noch en bett bäisetten]
Was kostet das Zimmer mit ...	Hoeveel kost logies met ... [hufeel kosst looschis met]
Frühstück?	ontbijt? [onndbäit]
Halbpension?	half pension? [half penschonn]
Vollpension?	volledig pension? [folleedech penschonn]
Ab wann gibt es Frühstück?	Vanaf hoe laat is het ontbijt? [fanaf hu laat iset onndbäit]
Wo ist das Restaurant?	Waar is het restaurant? [wahr isset restorant]
Wecken Sie mich bitte morgen früh um ... Uhr.	Wilt u mij morgen vroeg om ... uur wekken? [wilt ü me morrchen wruch omm ... ühr wecken]
Bitte meinen Schlüssel.	Mijn sleutel alstublieft. [men slöhtel alstüblift]

> Frühstück: **ESSEN UND TRINKEN** auf Seite 46

■ BEANSTANDUNGEN | KLACHTEN [klachten]

Das Zimmer ist nicht gereinigt worden.	De kamer is niet schoongemaakt. [de kaamer is nit schoongchemaakt]
Die Dusche ...	De douche ... [de dusch]
Die Spülung ...	De spoeling ... [de spuling]
Die Heizung ...	De verwarming ... [de ferwarming]
Das Licht ...	Het licht ... [et licht]
funktioniert nicht.	doet het niet. [dut het nit]
Es kommt kein (warmes) Wasser.	Er komt geen (warm) water. [er kommt cheen warm waater]
Die Toilette/Das Waschbecken ist verstopft.	Het toilet/De wastafel is verstopt. [et twalet/de wastaafel is ferstoppt]

> *www.marcopolo.de/niederlaendisch*

ÜBERNACHTUNG

ABREISE | VERTREK [ferträck]

Wann muss ich spätestens auschecken?	Hoe laat kan ik uiterlijk uitchecken? [hu lat kann ick öiterlück öitschecken]
Ich möchte bitte auschecken.	Ik will graag uitchecken. [ick will chraach öitschecken]
Ich reise heute Abend/morgen um ... Uhr ab.	Ik vertrek vanavond/morgen om … uur. [ik ferträck fanaavonnt/morrchen omm ... ühr]
Machen Sie bitte die Rechnung fertig.	Wilt u de rekening klaarmaken? [wilt ü de reekening klaarmaaken]
Kann ich mit Kreditkarte bezahlen?	Kan ik betalen met creditcard? [kan ik betaalen met kreditkart]
Vielen Dank für alles! Auf Wiedersehen!	Hartelijk dank voor alles. Tot ziens! [hartelek dank foor alles. tott sins]

Abendessen	avondeten n [aavonnteeten]
Anmeldung	aanmelding [aanmelding]
Adapter	tussenstekker [tüssestecker]
Badezimmer	badkamer [batkaamer]
Bett	bed n [bett]
Bettwäsche	beddengoed n [beddechut]
Dusche	douche [dusch]
Etage	etage [eetaasche]
Fenster	raam n [raam]

WIE DIE EINHEIMISCHEN

Insider Tipps

▸ Zimmer frei

Logeren bij particulieren [losjeren bäi partikühlren] („Privatzimmer") ist immer noch eine beliebte und preiswerte Übernachtungsmöglichkeit, bei der man auch die Gastgeber *(gastheer en gastvrouw)* persönlich kennen lernen kann. Die Fremdenverkehrsämter führen Verzeichnisse der Anbieter, die Häuser sind am Schild „Zimmer frei" erkennbar.

▸ Kurioses

Das **kleinste Hotel der Welt** befindet sich in Eenrum (Grand Hotel *De kromme Raake*, 1 Zimmer). Das **älteste Hotel der Niederlande** ist das *Hotel & Residence Mercure De Draak* in Bergen op Zoom (seit dem 14. Jahrhundert). *De Kerkuil* in Gasseleternijveen ist die **einzige Hotel-Pension in einer Kirche**. Das *Eemshotel* in Delfzijl ist das **einzige Hotel der Niederlande, das auf Pfählen im Meer steht** (mit Blick auf die deutsche Küste).

Fernsehraum	televisie kamer	[teelevis kaamer]
Frühstück	ontbijt n	[onndbäit]
Frühstücksraum	ontbijtzaal	[onndbäitsaal]
Halbpension	half pension n	[half penschonn]
Handtuch	handdoek	[handuk]
Hauptsaison	hoofdseizoen n	[hooftsäisun]
Heizung	verwarming	[werwarming]
Kinderbetreuung	kinderopvang	[kinderoppfang]
Kinderbett	kinderledikant n	[kinderledikant]
Klimaanlage	airconditioning	[ärkonndischening]
Kopfkissen	hoofdkussen n	[hooftküssen]
Lampe	lamp	[lamp]
Mittagessen	lunch	[lünsch]
Nachsaison	naseizoen n	[naasäisun]
Nachttisch	nachtkastje n	[nachkasche]
Nachttischlampe	nachtlampje n	[nachtlampje]
Pension	pension	[penschonn]
Portier	portier	[porrtiir]
Radio	radio	[raadijoo]
reinigen	schoonmaken	[schoonmaaken]
Reservierung	reservering	[reeserveering]
Restaurant	restaurant	[restorant]
Rezeption	receptie	[resepsi]
Safe	safe	[seef]
Schlüssel	sleutel	[slöhtel]
Schrank	kast	[kast]
Steckdose	stopcontact n	[stoppkontakt]
Stecker	stekker	[stecker]
Toilette	toilet n, wc	[twaalet, weesee]
Toilettenpapier	toilet papier n	[twaalet paapiier]
Übernachtung (mit Frühstück)	overnachting (met ontbijt)	[oovernachting (mett onndbäit)]
Vollpension	volledig pension n	[volleedech penschonn]
Vorsaison	voorseizoen n	[voorsäisun]
Waschbecken	wastafel	[wastaafel]
Wasser	water n	[waater]
Wasserhahn	waterkraan	[waaterkraan]
Zimmer	kamer	[kaamer]
Zimmermädchen	kamermeisje n	[kaamermäische]

> **www.marcopolo.de/niederlaendisch**

ÜBERNACHTUNG

... IM FERIENHAUS

> Reiseplanung: Seite 8 f.

Ist der Strom-/Wasserverbrauch im Mietpreis enthalten?	Zijn elektriciteit en water inclusief? [säin eelektrisitäit en waater inklüsif]
Werden Bettwäsche und Handtücher gestellt?	Zijn beddengoed en handdoeken aanwezig? [säin beddechut en handucken ahnwesech]
Sind Haustiere erlaubt?	Zijn huisdieren toegestaan? [säin höisdiiren tuchestaan]
Wo bekommen wir die Schlüssel für das Haus/die Wohnung?	Waar krijgen we de huissleutels? [waar kräichen we de höislöhtels]
Müssen wir die Endreinigung selbst übernehmen?	Moeten we aan het eind van ons verblijf zelf schoonmaken? [muten we aan et äint fan onns werbläif self schoonmaaken]
Anreisetag	dag van aankomst [dach fan aankommst]
Appartement	appartement n [apartement]
Bettwäsche	beddengoed n [beddechut]
Bungalow	bungalow [büngchaaloo]
Endreinigung	eindschoonmaak [äintßchohnmak]
Ferienanlage	vakantieterrein [fackkantsiterräin]
Ferienhaus	vakantiehuisje n [fackkantsihöische]
Ferienwohnung	appartement n [apartement]
Flaschenöffner	flesopener [flesoopener]
Handtuch	handdoek [handuk]
Hausbesitzer	eigenaar [äichenar]
Haustiere	huisdieren [höisdiiren]
Herd	fornuis n [forrnöis]
Kaution	borgsom [borrüchsomm]
Kochnische	kookhoek [kookhuk]
Korkenzieher	kurkentrekker [kürketrecker]
Miete	huur [hühr]
Müll	afval [afal]
Mülltrennung	afval sorteren [affall sortehren]
Nebenkosten	bijkomende kosten pl [bäikoomende kossten]
Schlafcouch	slaapbank [slaabank]
Schlafzimmer	slaapkamer [slaapkaamer]
Schlüssel	sleutel [slöhtel]
Strom	elektriciteit [eelektrisitäit]
vermieten	verhuren [ferhühren]

> *www.marcopolo.de/niederlaendisch*

ÜBERNACHTUNG

bord n
[borrt]

glas/glazen
[chlass, chlasen]

kopje/kopjes
[koppje, koppjes]

eierdopje
[eierdoppje]

vork
[forrk]

lepel
[leepel]

mes n
[mess]

theelepel
[teeleepel]

pollepel
[poll-lepel]

spatel
[spahtel]

soeplepel
[supp-lepel]

garde
[charrde]

rasp
[rasp]

snijplank
[snäiplank]

keukenzeef, vergiet
[kökensehf, ferchiet]

mixer
[mickser]

pan
[pann]

koekenpan
[kuckenpann]

schaal/schalen
[schal, ßchalen]

gasfornuis n
[chassfornöis]

oven
[ofen]

koelkast, ijskast
[kulkast, äiskast]

vaatwasser
[fahtwasser]

wasmachine
[wasmaaschine]

waterkoker
[waterkoker]

koffiezetmachine
[koffisetmaaschine]

kofiefilter
[koffifilter]

broodrooster n
[brootrooster]

stofzuiger
[ßtoffsöicher]

dweil aan stok
[dwäil ahn stock]

strijkijzer
[ßträickäiser]

waslijn
[wasläin]

bezem
[besem]

stoffer en blik
[ßtoffer en blick]

schoonmaakmiddelen
[ßchonmahkmiddelen]

emmer
[emmer]

... AUF DEM CAMPINGPLATZ

Haben Sie noch Platz für einen Wohnwagen/ein Zelt?	Heeft u nog plek voor een caravan/een tent? [heeft ü noch pleck foor en kerewen/en tent]
Wie hoch ist die Gebühr pro Tag und Person?	Hoeveel kost het per dag en per persoon? [hufeel kost et per dach en per persoon]
Wie hoch ist die Gebühr für ...	Hoeveel kost het voor ... [hufeel kosst et woor]
das Auto?	de auto? [de outo]
den Wohnwagen?	de caravan? [de kerefen]
das Wohnmobil?	de camper? [de kemper]
das Zelt?	de tent? [de tent]
Wir bleiben ... Tage/Wochen.	We blijven ... dagen/weken. [we bläifen ... daachen/weeken]
Gibt es hier ein Lebensmittelgeschäft?	Is hier een levensmiddelenzaak? [is hiir en leefensmidelensaak]
Wo sind ...	Waar zijn ... [waar säin]
die Toiletten?	de toiletten? [de twaleten]
die Waschräume?	de wasgelegenheden? [de wascheleechenheeden]
die Duschen?	de douches? [de dusches]
Gibt es hier Stromanschluss?	Is hier elektriciteit? [is hiir eelektrisität]
Benutzungsgebühr	vergoeding voor het gebruik [ferchuding foor et chebröik]
Brennspiritus	brandspiritus [brantspirites]
Campingplatz	kampeerterrein n [kampeerteräin]
Dosenöffner	blikopener [blikoopener]
Essbesteck	bestek n [besteck]
Flaschenöffner	flesopener [flesoopener]
Gasflasche	gasfles [chasfles]
Gaskocher	gas(toe)stel n [chastustel/chastel]
Geschirrspülbecken	spoelbak [spulbak]
Grill	barbecue [barbekju]
Grillanzünder	grillaansteker [chrilaansteeker]
Grillkohle	houtskool [hautskool]
Kerzen	kaarsen pl [kaarsen]
Kocher	kooktoestel n [kooktustel]
Korkenzieher	kurkentrekker [kürketrecker]
leihen	huren [hühren]
Leihgebühr	huurprijs [hührpräis]
Petroleum	petroleum [petroolijem]
Petroleumlampe	petroleumlamp [petroolijemlamp]
Steckdose	stopcontact n [stoppkontakt]
Stecker	stekker [stecker]
Strom	elektriciteit [eelektrisität]

> www.marcopolo.de/niederlaendisch

ÜBERNACHTUNG

Stromanschluss	stroomaansluiting [stroomaanslöiting]
Taschenmesser	zakmes n [sackmes]
Trinkwasser	drinkwater n [drinkwaater]
Voranmeldung	van tevoren aanmelden [wan tewooren aanmelden]
Wäschetrockner	droogtrommel [droochtrommel]
Wasser	water n [waater]

... IN DER JUGENDHERBERGE

Kann ich bei Ihnen ... leihen?	Kunt u mij alstublieft ... lenen? [künt ü mai alstüblift ... leenen]
Die Eingangstür wird um 24 Uhr abgeschlossen.	De deur gaat om 24 uur op slot. [de döhr chaat omm firentwintechühr opp slott]
Bettwäsche	beddengoed n [bedechut]
Internet	internet [internett]
Jugendherberge	jeugdherberg [jöhchtherberech]
Jugendherbergsausweis	jeugdherbergkaart [jöhchtherberechkaart]
Küche	keuken [köken]
Mitgliedskarte	lidmaatschapskaart [litmaatschapskaart]
Schlafsaal	slaapzaal [slaapsaal]
Schlafsack	slaapzak [slaapsak]
Waschraum	wasgelegenheid [wascheleechenhäit]

WIE DIE EINHEIMISCHEN

Insider Tipp

> **Stayokay**
>
> *Jeugdherbergen* werden in den Niederlanden heutzutage öfters als *hostels* bezeichnet. Und seit einigen Jahren nennt die *Nederlandse jeugdherbergcentrale* (NJHC) sich *Stayokay*. Diese neuen Namen gehen mit einer geänderten Philosophie einher: neben Rucksacktouristen und Jugendlichen werden zunehmend auch junge Familien und Senioren angesprochen. *Stayokay* betreibt in den Niederlanden 30 Hostels. In Flandern gibt es die *Vlaamse Jeugdherbergen* (32 Stück).

> WAS UNTERNEHMEN WIR?

Ob authentischer Kochkurs, aufregender Trekking-Ausflug oder großer Theaterabend: Lassen Sie sich von den nächsten Seiten helfen, jede Menge Urlaubsabenteuer zu erleben.

AUSKUNFT

Ich möchte einen Stadtplan von ... haben.	Ik wil graag een plattegrond van ... [ik wil chraach en plattechronnt wan ...]
Welche Sehenswürdigkeiten gibt es hier?	Welke bezienswaardigheden zijn er hier? [welke besinswaardechheeden säin er hiir]
Gibt es Stadtrundfahrten?	Zijn hier ook rondritten (Bus) /rondvaarten (Schiff) door de stad? [säin hiir ook ronntritten/ronntfaarten door de stat]
Was kostet die Rundfahrt?	Hoeveel kost de rondrit/rondvaart? [huweel kosst de ronntrit/ronntfaart]

VOLLES PROGRAMM

SEHENSWÜRDIGKEITEN/MUSEEN

Wann ist das Museum geöffnet?	Wanneer is het museum geopend? [waneer is et müseejem cheoopent]
Wann beginnt die Führung?	Wanneer begint de rondleiding? [waneer bechint de ronntläiding]
Gibt es auch eine Führung auf Deutsch/Englisch?	Is er ook een rondleiding in het Duits/Engels? [isser ok en ronntläiding innet döits/engels]
Ist das …?	Is dat …? [is dat]

Altar	altaar n [altaar]
Altstadt	oude binnenstad n [aude binnenstat]
Architektur	architectuur [architektuhr]
Ausstellung	tentoonstelling [tentoonstelling]
Besichtigung	bezichtiging [besichteching]
Bild	schilderij n [schilderäi]
Bildhauer	beeldhouwer [beelthauer]
Burg	kasteel n [kasteel]
Denkmal	monument n [moonümänt]
Fremdenführer	gids [chits]
Friedhof	kerkhof n [kerkhoff]
Führung	rondleiding [ronntläiding]
Gebäude	gebouw n [chebau]
Gemälde	schilderij n [schilderäi]
Kaiser/in	keizer/keizerin [käiser/käiserin]
Kapelle	kapel [kaapäl]
Kathedrale	kathedraal [kaatedraal]
Kirche	kerk [kerk]
König/in	koning/koningin [kooning/ kooningin]
Malerei	schilderkunst [schilderkünst]
Museum	museum n [müseejem]
Plastik	plastiek [plastik]
Platz	plein n [pläin]
Rathaus	raadhuis n, stadhuis n [raathöis, stathöis]

WIE DIE EINHEIMISCHEN

Insider Tipps

▶ Land der Superlative

Das **schmalste Restaurant der Welt** befindet sich in der Haarlemmerstraat 43 in Amsterdam (130 cm). Der **größte überdachte Markt Europas** ist der *Beverwijkse Bazaar* (3000 Stände). Der **einzige Marmeladenmarkt der Welt** findet jeden August in Neede statt (40.000 Besucher), der **größte Büchermarkt Europas** am ersten Sonntag im August in Deventer (mehr als 800 Stände). Das *Nationaal Museum van Speelklok tot Pierement* in Utrecht besitzt die **größte Sammlung automatischer Musikinstrumente der ganzen Welt** (mehr als 1000 Stück).

Die **älteste noch existerende Zeitung der Welt** ist das *Haarlems Dagblad/Oprechte Haarlemsche Courant* (seit 8. Januar 1656). Haarlem ist auch die Heimatstadt des *Laurens Janszoon Coster*, der den **Buchdruck erfunden** hat (manche Nicht-Niederländer halten Johannes Gutenberg für den Erfinder). *Costers Statue* ist auf dem Grote Markt zu bewundern (Geburtshaus Nr. 25).

> *www.marcopolo.de/niederlaendisch*

VOLLES PROGRAMM

restaurieren	restaureren [restooreeren]
Ruine	ruïne [rüwine]
Schloss	slot n [slott]
Sehenswürdigkeiten	bezienswaardigheden [besinswaardechheeden]
Stadtrundfahrt	(Boot) rondvaart [ronntfaart], (Bus) rondrit door de stad [ronntrit door de stat]

AUSFLÜGE

Wann treffen wir uns?	Wanneer zullen we afspreken? [wannehr söllen we affs-preken]
Wo fahren wir los?	Waarvandaan vertrekken we? [warhrfanndahn fertrecken we]
Kommen wir am/an ... vorbei?	Komen we ook langs …? [komen we ok langs]
Besichtigen wir auch ...?	Gaan we … ook bekijken? [chan we ok bekäiken]
Wann fahren wir zurück?	Wanneer gaan we terug? [wannehr chan we trüch]

Ausflug	uitstapje n [öitstapje]
Aussichtspunkt	uitkijkpunt n [öitkäikpünnt]
Blumenkorso	bloemencorso n [blumekorso]
Botanischer Garten	hortus [hortüss], botanische tuin [botanise töin]
Dampfzugfahrt	stoomtreinrit [stomträinritt]
Deich	dijk [däik]
Dünenspaziergang	duinwandeling [döinwandeling]
Fahrradtour	fietstocht [fietstocht]
Fischerhafen	vishaven [fishaawen]
Fischerort	vissersdorp n [fissersdorrep]
Freizeitpark	attractiepark n [attraksiparrek]
Landesinnere	binnenland n [binnenlant]
Landschaft	landschap n [lantschap]
Leuchtturm	vuurtoren [vührtoren]
Markt	markt [markt]
Markthalle	markthal [markthal]
Meer	zee [see],
Naturschutzgebiet	natuurreservaat n [naatühreeserfaat]
See	plas [plass], meer n [meer]
Strandspaziergang	strandwandeling [s-trantwandeling]
Tagesausflug	dagtocht n [dachtocht]
Vergnügungspark	pretpark n [prettparrek]
Wandertour	wandeltocht [wandeltocht]
Wattwandern	wadlopen [wattlopen]
Windmühle	windmolen [wintmoolen]
Zoo	dierentuin [diirentöin]

AM ABEND

KNEIPE/BAR/CLUB | KROEG/BAR/CLUB [kruch/bar/klüpp]

Was kann man hier abends unternehmen?	Wat is hier 's avonds allemaal te beleven? [watt is hier safonts allemal te belefen]
Gibt es hier eine gemütliche Kneipe?	Is er hier een gezellig kroegje? [is er hiir eng chesellech kruchje]
Gibt es hier einen Club?	Hebben ze hier een club? [hebben se hiir en klüpp]
Welche Musikrichtung wird hier gespielt?	Wat voor soort muziek wordt hier gedraaid? [wat fohr sohrt müsik wort hier chedraajt]
Ist Abendgarderobe erwünscht?	Is avondkleding gewenst? [is aavonntkleeding chewenst]
Im Eintrittspreis ist ein Getränk enthalten.	Een consumptie is bij de prijs inbegrepen. [en konnsümpsi is bäi de präis imbechreepen]
Ein Bier, bitte.	Een biertje, alstublieft. [en biirtje, alstüblift]
Das Gleiche noch einmal.	Hetzelfde nog een keer. [etselfde noch eng keer]
Diese Runde übernehme ich.	Dit rondje geef ik. [dit ronntje cheef ik]
Wollen wir tanzen?	Zullen we dansen? [sülle we dansen]
ausgehen	uitgaan [öitchaan]
Band	band [bent]
Bar	bar [bar]
Club/Diskothek	club/discotheek [klüpp/diskotek]
DJ	DJ [didschä]
Folklore	folklore [follklorre]
Folkloreabend	folkloreavond [follklorreaavonnt]
Folkloremusik	volksmuziek [vollksmüsik]
Kneipe	kroeg, café [kruch, kaafee]
Live-Musik	levende muziek [leevende müsik]
Party	party [parti]
Spielcasino	casino n [kaasinoo]
tanzen	dansen [dansen]
Türsteher	uitsmijter [öitsmäiter]

THEATER/KONZERT/KINO
THEATER/CONCERT/BIOSCOOP [teejaater/konnsert/bijosskoop]

Haben Sie einen Veranstaltungskalender für diese Woche?	Heeft u een evenementenlijst voor deze week? [heeft ü en eevenemetenäist foor deese week]

> *www.marcopolo.de/niederlaendisch*

VOLLES PROGRAMM

Welches Stück wird heute Abend im Theater gespielt?	Wat is er vanavond in het theater? [wat is er vanaavonnt in et teejaater]
Können Sie mir ein gutes Theaterstück empfehlen?	Kunt u me een goed toneelstuk aanbevelen? [künnt ü me en chut tooneelstück aambeveelen]
Wann beginnt die Vorstellung?	Wanneer begint de voorstelling? [waneer bechint de voorsteling]
Wo bekommt man Karten?	Waar kun je kaartjes krijgen? [waar künn je kaartjes kräichen]
Bitte zwei Karten für heute Abend.	Twee kaartjes voor vanavond, alstublieft. [twee kaartjes voor vanaavonnt]
Kann ich bitte ein Programm haben?	Kunt u me alstublieft een programma geven? [künnt ü me alstüblift en proochramaa cheeven]
Wo ist die Garderobe?	Waar is de garderobe? [waar is de charderobe]

Ballett	ballet n [ballett]
Eintrittskarte	kaartje n [kaartje]
Festival	festival n [festival]
Film	film [fillem]
Kasse	kassa [kassaa]
Kino	bioscoop [bijosskoop]
Konzert	concert n [konnsert]
Musical	musical [mjusikoll]
Oper	opera [oopera]
Premiere	première [premjäre]
Schauspiel	toneelstuk n [tooneelstück]
Theater	theater n, schouwburg [teejaater, schouwbürech]
Veranstaltungskalender	culturele agenda [kültüreele aachendaa]
Vorstellung	voorstelling [voorsteling]
Vorverkauf	voorverkoop [voorverkoop]

WIE DIE EINHEIMISCHEN

Insider Tipp

›› Cultuur

Ob *Nederlands Danstheater* oder *North Sea Jazz Festival*: Wenn die Niederländer abends ins Theater (oft *schouwburg*) oder ins *concertgebouw* gehen, ziehen sie sich gerne stilvoll an. In der Regel besteht aber kein Anzugzwang.
In vielen Städten können Sie im Sommer in den alten Kirchen *kerkorgelconcerten* (Orgelkonzerte) hören. Im Kino (und im Fernsehen) werden ausländische Filme im Originalton mit niederländischsprachigen *ondertitels* (Untertiteln) gezeigt.

FESTE/VERANSTALTUNGEN
FEESTEN/EVENEMENTEN [feesten/efünnümmänten]

Könnten Sie mir bitte sagen, wann das ...-Festival stattfindet?	Kunt u me misschien zeggen wanneer het ...-festival plaatsvindt? [könntü me misschin sächen wannehr ött fesstifall platsfint]
vom ... bis ...	van ... tot ... [fann tott]
jedes Jahr im August	ieder jaar in augustus [ider jahr in auchüsstüss]
alle 2 Jahre	om het jaar [ommet jahr]
Kann jeder teilnehmen?	Kan iedereen meedoen? [kann idereen medun]
Bierwochenende	bierweekend n [bierwiekent]
Blumenkorso	bloemencorso n [blumekorso]
Comicfestival	stripfestival n [strippfestifall]
Feuerwerk	vuurwerk n [vührwerrek]
Flohmarkt	rommelmarkt [rommelmarrekt]
Flottentage	vlootdagen pl [flodahchen]
Folkloremarkt	folkloremarkt [folkloremarrekt]
Kirmes	kermis [kermes]
Krabbenträgerwettbewerb	garnaalkruierswedstrijd [carnaalkröijerswetttsträit]
Laternenumzug	lampionoptocht [lampijonnopptocht]
Meeresweihe	zeewijding [seewäiding]
Nacht von Winschoten	nacht van Winschoten [nacht fann winns-choten]
Nationaler Fahrradtag	nationale fietsdag [naschonale fistdach]
Pfahlsitzen	paalzitten n [paalsitten]
Pferdemarkt	paardemarkt [paardemarrekt]
Prozession/Umzug	processie/optocht [prosessi/opptocht]
Sakramentsprozession	sacramentsprocessie [sackrementsprosessi]
Schlümpfefest	smurfenfestival n [smürfefesstifall]
Straßenmarkt	braderie [braderi]
vierabendliche Wander-/ Radtour	avondvierdaagse [afonntfierdaachse]
Zapfenstreich	taptoe n [tapptu]
Zirkus	circus n [sirküss]

STRAND UND SPORT

AM STRAND | AAN HET STRAND [aan et strant]

Ist die Strömung stark?	Is er een sterke stroming? [is er en sterke strooming]
Ist es für Kinder gefährlich?	Is het voor kinderen gevaarlijk? [is et foor kinderen chefaarlek]

> *www.marcopolo.de/niederlaendisch*

VOLLES PROGRAMM

Wann ist Ebbe/Flut?	Wanneer is het eb/vloed? [waneer is et ep/flut]

Bademeister	badmeester [battmeester]
Badestrand	badstrand [battßtrant]
Dusche	douche [dusch]
FKK-Strand	naaktstrand [naaktstrant]
Kiosk	strandkiosk [ßtrantkijosk]
Qualle	kwal [quall]
schwimmen	zwemmen [swemmen]
Sonnenschirm	parasol [paaraasoll]
Strömung	stroming [strooming]
Umkleidekabinen	kleedhokjes [kleethockjes]

AKTIVURLAUB/SPORT
ACTIEVE VAKANTIE/SPORT [aktive fakansi/sport]

Welche Sportmöglichkeiten gibt es hier?	Wat kun je hier aan sport doen? [wat künn je hiir aan sporrt dun]
Gibt es hier ein/eine ...?	Is er hier een ...? [isser hir en]
Wo kann ich ... ausleihen?	Waar kan ik ... huren? [waar kan ik ... hühren]
Kann ich mitspielen?	Mag ik meedoen? [mach ick meedun]
Ich möchte einen ...kurs für Anfänger/Fortgeschrittene machen.	Ik wil graag een cursus ... doen voor beginners/gevorderden. [ick will chraach önn körsüss dun vor bechinners/chevorderden]

gewinnen	winnen [winnen]
Mannschaft	team n [tiim]
Rennen	wedstrijd [wetsträit]
Schiedsrichter	scheidsrechter [schäitsrechter]
Sieg	overwinning [ooferwining]
Spiel	partijtje n [partäitje]
unentschieden	onbeslist [ommbeslist]
verlieren	verliezen [ferlisen]
Wettkampf	wedstrijd [wetsträit]

WASSERSPORT WATERSPORT [waterßport]
Bootsführerschein	vaarbewijs n [fahrbewäis]
Bootsverleih	verhuur van boten [werhühr fan booten]
Freibad	openluchtbad n [oopelüchtbat]
Hallenbad	overdekt zwembad [overdeckt swemmbatt]
Hausboot	woonboot [woonboot]
Kanu	kano [kaanoo]
Motorboot	motorboot [mootorrboot]

Regatta	regatta [rechatta]
Rückholservice	terugbrengdienst [trüchbrengdienst]
Ruderboot	roeiboot [ruiboot]
Schlauchboot	rubberboot [rübberboot]
Segelboot	zeilboot [säilboot]
Segeln	zeilen [säilen]
Segelschule	zeilschool [säils-chohl]
Segeltörn	zeiltocht [säiltocht]
Surfbrett	surfplank [sürfplank]
Surfen	surfen [sürfen]
Surfschule	surfschool [sürfs-chohl]
Tretboot	waterfiets [waaterfits]
Wasserski	waterski [waterski]
Wasserwandern	zwerven op het water [swerfen opp öt waterr]
(im Hausboot)	
windsurfen	windsurfen [wintsörfen]

TAUCHEN DUIKEN [döiken]
Gerätetauchen	duiken met apparatuur [döiken mett apperatühr]
Neoprenanzug	neopreenpak n [nejoprehnpack]
Sauerstoffgerät	zuurstofapparaat n [sührs-toffapperat]
schnorcheln	snorkelen [snorckelen]
tauchen	duiken [döiken]
Taucherausrüstung	duikersuitrusting [döikersöitrüsting]
Taucherbrille	duikbril [döikbril]
Tauchschule	duikschool [döikßchool]

ANGELN VISSEN [fissen]
Wo kann man hier angeln?	Waar kun je hier vissen? [waar künn je hiir fissen]
angeln	vissen, hengelen [fissen, hängelen]
Angelschein	visvergunning [fissferchünning]
Hochseefischen	vissen op zee [fissen opp see]
Köder	aas [as]
Schonzeiten	verboden vistijd [verboden visstäit]

BALLSPIELE BALSPELEN [ballspelen]
Ball	bal [ball]
Basketball	basketbal (als Spiel n) [basskettball]
Fußball	voetbal n [fudbal]
Fußballmannschaft	elftal n [elftal]
Fußballplatz	voetbalveld n [fudbalfelt]
Handball	handbal [handball]
Netz	net n [net]
Tor	doel n [dul]

> *www.marcopolo.de/niederlaendisch*

VOLLES PROGRAMM

Torwart	keeper [kiper]
Volleyball	volleybal n [folliball]

TENNIS UND ÄHNLICHES TENNIS EN DERGELIJKE [tennüs enn därchelücke]

Badminton	badminton n [bettminntonn]
Schläger	racket n [recket]
Squash	squash n [squosch]
Tennis	tennis [tennüs]
Tennisschläger	tennisracket n [tennesreket]
Tennishalle	tennishal [tennüshall]
Tennisplatz	tennisbaan [tennüsbahn]
Tischtennis	tafeltennis n [taafeltennes]

FITNESS- UND KRAFTTRAINING FITNESS- EN KRACHTTRAINING [fitness en krachträning]

Aerobic	aerobics [ärobbicks]
Fitnesscenter	fitnessclub [fittnüssklüpp]
joggen	joggen [dschoggen]
Konditionstraining	conditietraining [kondisitrening]
Krafttraining	krachttraining [krachträning]
Yoga	yoga [joocha]

WELLNESS WELLNESS [wälnäs]

Dampfbad	stoombad [s-toomboot],
Massage	massage [massasche]
Sauna	sauna [saunah]
Solarium	solarium n [solariömm]
Whirlpool	whirlpool [würrelpuhl]

RADFAHREN FIETSEN [fitsen]

Fahrrad	fiets [fiets]
Fahrradhelm	fietshelm [fietshellem]
Fahrradweg	fietspad n [fietspatt]
Flickzeug	reparatiespullen pl [reperasispüllen]
Luftpumpe	fietspomp [fietspomp]
Mountainbike	mountainbike [mauntenbeik]
Rad fahren	fietsen [fitsen]
Radtour	fietstocht [fitstocht]
Rennrad	racefiets [resfiets]
Schlauch	binnenband [binnebannt]

WANDERN WANDELEN [wandelen]

Können Sie mir eine interessante Route auf der Karte zeigen?	Kunt u mij mischien een interessante route aanwijzen op de kaart? [köntü mäi miss-chin önn interessante rute ahnwäisen obde kahrt]

Route	route [rute]
Tagestour	dagtraject n [dachtrajekt]
Wandern	wandelen [wandelen]
Wanderweg	wandelpad n [wandelpatt]
Wanderkarte	wandelkaart [wandelkahrt]

REITEN PAARDRIJDEN [paarträiden]

Ausritt	ritje n [rittje]
Pferd	paard n [paart]
reiten	paardrijden [paarträiden]
Reiterferien	ruiterkamp n [röiterkamp]
Reitschule	manege [manäsche]
Reitsport	ruitersport [röitersporrt]

GOLF GOLF [chollüff]

18-Loch-Platz	18 holes baan [achtien hols bahn]
abschlagen	afslaan [affslahn]
Golfschläger	golfstick [cholef-stick]
Greenfee	greenfee [grienfi]
Parcours	parcours n [parkur]

IN DER LUFT IN DE LUCHT [in de löcht]

Drachenfliegen	deltavliegen [deltafliechen]
Fallschirmspringen	parachutespringen [paaraaschütspringen]
Gleitschirm	valscherm n [falls-cherrem]
Heißluftballon	luchtballon [lüchtballonn]
Paragliding	paragliding n [paragleiding]
Schleppschirm (am Strand)	reclamesleep [reclamesleep]
Segelfliegen	zweefvliegen [sweeflichen]

SCHITTSCHUH LAUFEN SCHAATSEN [ßchatsen]

Eis	ijs n [äis]
Eishockeyschlittschuh	hockeyschaats [hokkis-chats]
Eiskunstlaufstiefel	kunstschaats [könnsts-chats]
Kanal	kanaal n [kanaal]
Klappschlittschuh	klapschaats [klapps-chats]
Schlittschuhe	schaats [s-chats]
schlittschuhlaufen	schaatsen [ßchatsen]
Schlittschuhtour	schaatstocht [s-chatstocht]
Schnelllaufschlittschuhe	noren pl [nohren]
Schnee	sneeuw [sneeu]

> *www.marcopolo.de/niederlaendisch*

VOLLES PROGRAMM

■ KURSE | CURSUSSEN [körsössen]

Ich möchte … belegen.	Ik wil graag … doen. [ick will chraach dun]
einen Niederländischkurs	een cursus Nederlands [önn körsüss nederlants]
für Anfänger	voor beginners [vor bechinners]
für Fortgeschrittene	voor gevorderden [vor chevorderden]
Sind Vorkenntnisse erforderlich?	Wordt er voorkennis verondersteld? [worter vorkennes feronders-tellt]
Bis wann muss man sich anmelden?	Wanneer moet je je uiterlijk aanmelden? [wannehr mut je je öiterlück ahnmelden]
Sind die Materialkosten inklusive?	Is het materiaal bij het cursusgeld inbegrepen? [isset material bäi et körsüsschellt imbechrepen]
Was ist mitzubringen?	Wat moet ik meenemen? [wat mut ick meenemen
(Akt-)Zeichnen	naakttekenen [nahktehkenen]
(Aquarell-)Malen	(aquarel) schilderen [aquarell s-chilldderen]
Fotografieren	fotograferen [fotochrafehren]
Goldschmieden	goudsmeden [chautsmehden]
Kochen	koken [kokan]
Malen	schilderen [s-chillderen]
Ölmalerei	schilderen met olieverf [s-chillderen mett olieferrew]
tanzen	dansen [dansen]
Workshop	workshop [würkschopp]

WIE DIE EINHEIMISCHEN

Insider Tipps

▸ Bewegung!

Die Niederländer lieben Radtouren und Spaziergänge. Das belegen der *Meimaand Fietsmaand* [mäimahnt fitsmahnt], wo der ganze Monat Mai im Zeichen des Drahtesels steht, und die *Vierdaages* [vierdaachses], viertägige Touren zu Fuß oder mit dem Rad, die vielerorts in den Sommermonaten veranstaltet werden und für jede Kondition eine Streckenlänge anbieten. Die bekannteste *Vierdaagse* findet jedes Jahr in der dritten Juliwoche in Nimwegen statt.

▸ Eisiges Vergnügen

Wenn ein Niederländer Eis sieht, will er *schaatsen* [chaatsn]: Schlittschuh fahren. Sobald das *ijs* [äis] dick genug ist, werden überall Schlittschuhlauftouren organisiert. Der sagenumwobene Mammut unter diesen Touren ist seit 1909 der friesische *Elfstedentocht* [älfstedentocht] (195 km), der durch 11 friesische Städte führt und nur gefahren wird, wenn das Eis dick genug ist.

> AUF ALLES VORBEREITET

Beim Arzt, bei der Polizei oder auf der Bank: Wenn's knifflig wird oder schnell gehen soll, dann hilft Ihnen dieses praktische Kapitel in jedem (Not-)Fall.

ARZT

■ AUSKUNFT | INLICHTING [inlichting]

Können Sie mir einen guten … empfehlen?	Kunt u mij een goede … aanbevelen? [künt ü me en chude … aambeweelen]
Arzt	dokter/arts [dockter/arrts]
Augenarzt	oogarts [oocharrts]
Frauenarzt	vrouwenarts [frouwenarrts]

VON A BIS Z

Hals-Nasen-Ohren-Arzt	keel-neus-oorarts	[keel nöhs oorarrts]
Hautarzt	huidarts	[höitarrts]
Kinderarzt	kinderarts	[kinderarrts]
Zahnarzt	tandarts	[tantarrts]
Wo ist seine Praxis?	Waar is zijn praktijk?	[waar is säin praktäik]

 Apotheke: Seite 54 f., 58

BEIM ARZT | BIJ DE DOKTER [bäi de dockter]

Was für Beschwerden haben Sie?	Welke klachten hebt u? [welke klachten hept ü]
Ich habe Fieber.	Ik heb koorts. [ik hep koorts]
Mir ist oft schlecht/schwindelig.	Ik ben vaak misselijk/duizelig. [ik ben faak misselek/döiselech]
Ich bin ohnmächtig geworden.	Ik ben flauwgevallen. [ik ben flouchefallen]
Ich bin stark erkältet.	Ik ben snipverkouden. [ik ben snipferkauden]
Ich habe Kopfschmerzen.	Ik heb hoofdpijn. [ik hep hooftpäin]
Ich habe Halsschmerzen.	Ik heb keelpijn. [ik hep keelpäin]
Ich habe Husten.	Ik moet steeds hoesten. [ik mut steets husten]
Ich bin gestochen/gebissen worden.	Ik ben gestoken/gebeten. [ik ben chestooken/chebeeten]
Ich habe Durchfall/Verstopfung.	Ik heb diarree/verstopping. [ik hep diaree/ferstopping]
Ich habe mich verletzt.	Ik heb me bezeerd. [ik hep me beseert]
Wo tut es weh?	Waar doet het pijn? [waar dut et päin]
Ich habe hier Schmerzen.	Ik heb hier pijn. [ik hep hiir päin]
Ich bin Diabetiker.	Ik heb suiker. [ik hep söiker]
Ich bin schwanger.	Ik ben in verwachting. [ik ben in ferwachting]
Es ist nichts Ernstes.	Het is niets ernstigs. [et is nits ernstechs]
Können Sie mir bitte etwas gegen … geben/verschreiben?	Kunt u mij iets tegen … geven/voorschrijven? [künnt ü me its teechen … cheefen/foorschräifen]

BEIM ZAHNARZT | BIJ DE TANDARTS [bäi de tantarrts]

Ich habe (starke) Zahnschmerzen.	Ik heb (erge) kiespijn. [ik hep erche kispäin]
Ich habe eine Füllung verloren.	Ik ben een vulling verloren. [ik ben en fülling ferlooren]
Mir ist ein Zahn abgebrochen.	Mijn tand is afgebroken. [main tant is afchebrooken]
Geben Sie mir bitte eine Spritze.	Met verdoving graag. [met ferdoofing chraach]
Geben Sie mir bitte keine Spritze.	Zonder verdoving graag. [sonnder ferdoofing chraach]

> *www.marcopolo.de/niederlaendisch*

VON A BIS Z

IM KRANKENHAUS | IN HET ZIEKENHUIS [in et sikehöis]

Wie lange muss ich hier bleiben?	Hoe lang moet ik hier blijven? [hu lang mut ik hiir bläifen]
Wann darf ich aufstehen?	Wanneer mag ik opstaan? [waneer mach ik oppstaan]

Abszess	abces n [apses]
Aids	aids [eets]
Allergie	allergie [allerchi]
ansteckend	besmettelijk [besmettelek]
Arm	arm [arm]
Asthma	astma [astmaa]
Atembeschwerden	ademhalingsmoeilijkheden [aademhaalingsmuilekheeden]
atmen	ademen [aademen]
Auge	oog n [ooch]
Ausschlag	uitslag [öitslach]
Bänderriss	scheuring van de (gewrichts)banden [schöhring fan de chefrichsbanden]
Bauch	buik [böik]
Bein	been n [been]
bewusstlos	bewusteloos [bewüssteloos]
Blähungen	winderigheid [winderechäit]
Blase	blaas [blaas]
Blinddarm	blindedarm [blindedarm]
bluten	bloeden [bluden]
Blut	bloed n [blut]
Blutdruck (hoher/niedriger)	hoge/lage bloeddruk [hooche/laache bludrück]
Blutvergiftung	bloedvergiftiging [blutferchifteching]
Borreliose	ziekte van Lyme [siekte fann Laim]
Bronchitis	bronchitis [bronnchites]
Bruch	breuk [bröhk]
Brust	borst [borrst]
Bypass	bypass [baaipas]
Darm	darm [darm]
Diabetes	suikerziekte [söikersikte]
Durchfall	diarree [diaree]
Eiter	etter [etter]
Empfang	receptie [reseppsi]
Entzündung	ontsteking [onntsteeking]
erbrechen, sich	overgeven, braken [oofercheefen, braaken]
erkälten, sich	kou vatten [kou fatten]
Facharzt	specialist [speeschaalist]
Fehlgeburt	miskraam [miskraam]

Fieber	koorts [koorts]
Finger	vinger [finger]
Fuß	voet [fut]
Gallenblase	galblaas [chalblaas]
gebrochen	gebroken [chebrooken]
Gehirn	hersens pl [hersens]
Gehirnerschütterung	hersenschudding [herses-chüding]
Gehirnschlag	beroerte [beruurte]
Gelbsucht	geelzucht [cheelsücht]
Gelenk	gewricht n [chewricht]
Geschlechtskrankheit	geslachtsziekte [cheslachsikte]
Geschlechtsorgane	geslachtsorganen [cheslachsorrchaanen]
geschwollen	gezwollen [cheswollen]
Geschwür	zweer [sweer]
Gesicht	gezicht n [chesicht]
Grippe	griep [chrip]
Hals	hals [hals]
Halsschmerzen	keelpijn [keelpäin]
Hand	hand [hant]
Haut	huid [höit]
Herpes	herpes [herpüss]
Herz	hart n [hart]
Herzanfall	hartaanval [hartaanfal]
Herzbeschwerden	hartklachten [hartklachten]
Herzfehler	hartafwijking [hartafwäiking]
Herzinfarkt	hartinfarct [hartinfarkt]
Herzschrittmacher	pacemaker [peesmeeker]
Hexenschuss	spit n [spit]
Hirnhautentzündung	hersenvliesontsteking [herrsefliesontßteking]
HIV-positiv	seropositief [seropositiv]
Hüfte	heup [höhp]
Husten	last van hoesten [last fan husten]
Impfung	inenting [inenting]
Infektion	infectie [infecksi]
Ischias	ischias [ischias]
Kinderlähmung	polio [poolijoo]
Knie	knie [kni]
Knöchel	enkel [enkel]
Knochen	bot n [bott]
Knochenbruch	botbreuk [boddbröhk]
Kolik	koliek [koolik]
Kopf	hoofd n [hooft]
Kopfschmerzen	hoofdpijn [hooftpäin]
Krampf	kramp [kramp]

> *www.marcopolo.de/niederlaendisch*

VON A BIS Z

krank	ziek [sik]
Krankenhaus	ziekenhuis n [sikehöis]
Krankenschein	verzekeringsbewijs. n [ferseekeringsbewäis]
Krankenschwester	verpleegster [ferpleechster]
Krankheit	ziekte [sikte]
Krebs	kanker [kanker]
Kreislaufstörung	storing in de bloedsomloop [stooring in de blutsommloop]
Kur	kuur [kühr]
Lähmung	verlamming [ferlamming]
Lebensmittelvergiftung	voedselvergiftiging [futselferchifteching]
Leber	lever [leefer]
Lippe	lip [lipp]
Loch (im Zahn)	gaatje n [chaatje]
Lunge	long [lonng]
Magen	maag [maach]
Magenschmerzen	maagpijn [maachpäin]
Mandeln	amandelen pl [aamandelen]
Masern	mazelen pl [maaselen]
Menstruation	menstruatie [menstrüwaasi]
Migräne	migraine [migrääne]
Mittelohrentzündung	middenoorontsteking [middenooronntsteeking]
Mumps	bof [boff]
Mund	mond [monnt]
Muskel	spier [spiir]
Narbe	litteken n [litteeken]
Narkose	narcose [narkoose]
Nase	neus [nöhs]
Nerv	zenuw [seenüw]
nervös	nerveus [nerföhs]
Nierenentzündung	nierontsteking [niironntsteeking]
Nierenstein	niersteen [niirsteen]
Ohnmacht	bewusteloosheid [bewüstelooshäit]
Ohr	oor n [oor]
Operation	operatie [ooperaatsi]
Pilzinfektion	schimmelinfectie [ßchimmelinfecksi]
Plombe	vulling [fülling]
Pocken	pokken pl [pocken]
Praxis	praktijk [praktäik]
Prellung	kneuzing [knöhsing]
Prothese	prothese [prooteese]
Puls	pols [polls]
Quetschung	kneuzing [knöhsing]
Rheuma	reuma [röhmaa]
Rippe	rib [rip]

röntgen	een röntgenfoto maken [en röntchefootoo maaken]
Röteln	rode hond [roode honnt]
Rücken	rug [rüch]
Rückenschmerzen	rugpijn [rüchpain]
Salmonellen	salmonellabacteriën pl [salmoonellaabakteerijen]
Schädel	schedel [scheedel]
Scharlach	roodvonk [rootfonnk]
Schienbein	scheenbeen n [scheenbeen]
Schlaflosigkeit	slapeloosheid [slaapelooshäit]
Schlaganfall	beroerte [beruurte]
Schlüsselbein	sleutelbeen n [slöhtelbeen]
Schmerzen	pijn sing [päin]
Schnittwunde	snee [snee]
Schnupfen	neusverkoudheid [nöhsferkauthäit]
Schulter	schouder [schouder]
Schüttelfrost	rillingen van de koorts pl [rillingen fan de koorts]
Schwangerschaft	zwangerschap [swangerschap]
Schwellung	zwelling [swelling]
Schwindel	duizeligheid [döiselechhäit]
schwitzen	zweten [sweeten]
Sonnenstich	zonnesteek [sonnesteek]
Speiseröhre	slokdarm [sloggdarm]
Sprechstunde	spreekuur n [spreekühr]
Spritze	prik [prick]
Stich	steek [steek]
Stirnhöhlenentzündung	voorhoofdsholteonsteking [foorhoofshollteonntsteeking]
Stuhlgang	stoelgang [stulchang]
Tetanus	tetanus [teetaanes]
Trommelfell	trommelvlies n [trommelflis]
Typhus	tyfus [tifes]
Übelkeit	misselijkheid [miselekhäit]
Ultraschalluntersuchung	echografie [echoochraafi]
Unterleib	onderlijf n [onnderläif]
Untersuchung	onderzoek n [onndersuk], consult n [konnsült]
Urin	urine [ürine]
Verband	verband n [ferband]
verbinden	verbinden [ferbinden]
Verbrennung	verbranding [ferbranding]
Verdauung	spijsvertering [späisferteering]
Verdauungsstörung	spijsverteringsstoornis [späisferteeringsstoornis]
Vergiftung	vergiftiging [ferchifteching]

> *www.marcopolo.de/niederlaendisch*

VON A BIS Z

verletzen	bezeren [beseeren]
Verletzung	verwonding [ferwonnding]
verschreiben	voorschrijven [foorschräifen]
verstaucht	verstuikt [ferstöikt]
Verstopfung	verstopping [ferstopping]
Virus	virus n [fiires]
Wartezimmer	wachtkamer [wachtkaamer]
wehtun	pijn/zeer doen [päin/seer dun]
Windpocken	waterpokken pl [waaterpocken]
Wunde	wond [wonnt]
Zahn	tand [tant], (Backenzahn) kies [kiis]
Zecke	teek [tehk]
Zehe	teen [teen]
Zerrung	verrekking [feräcking]
ziehen (Zahn)	trekken [trecken]
Zunge	tong [tonng]

BANK/GELDWECHSEL

Wo ist hier bitte eine Bank?	Waar is hier een bank? [waar is hiir en bank]
Ich möchte … Schweizer Franken in Euro wechseln.	Ik wil graag… Zwitsere frank in euro's omwisselen. [ick will chraach switzerse frank in öros ommwisselen]
Ich möchte diesen Reisescheck einlösen.	Ik wil graag deze reischeque innen. [ik wil chraach deese räischeckinnen]
Ihre Scheckkarte, bitte.	Uw pasje, alstublieft! [üw pasche alstüblieft]
Darf ich bitte … sehen?	Mag ik alstublieft … zien? [mach ik alstüblift … sin]
Ihren Ausweis	uw legitimatie [üw leechitimaatsi]
Ihren Pass	uw pas [üw pas]

WIE DIE EINHEIMISCHEN

Insider Tipp

> **Money, money …**

Obwohl der Euro den Gulden und den Franc ersetzt hat, leben die alten Geldbezeichnungen in bildhaften Redewendungen weiter. So das *dubbeltje* (10 cent): *een dubbeltje op z'n kant* („ein 10-Centstück auf der Seite") heißt „ein äußerst seltener Glücksfall". Und wenn im Deutschen der Groschen gefallen ist, sagt man auf Niederländisch: *het kwartje is gevallen*.

Würden Sie bitte hier unterschreiben?	Wilt u hier ondertekenen? [wilt ü hiir onnderteekenen]
Der Geldautomat akzeptiert meine Karte nicht.	De geldautomaat neemt mijn pasje niet aan. [de cheltautomat nehmt mäin pascje nit ahn]
Der Geldautomat gibt meine Karte nicht mehr heraus.	De geldautomaat geeft mijn pinpas niet meer terug. [de chelltautomat cheft mönn pinnpass nit mehr trüch]
auszahlen	uitbetalen [öidbetaalen]
Bank	bank [bank]
Betrag	bedrag n [bedrach]
Cent	cent [sänt]
Euro	euro [öro]
Formular	formulier n [forrmüliir]
Geheimzahl	pincode [pinnkoode]
Geld	geld n [chelt]
Geldautomat	geldautomaat [cheltautoomaat]
Geldschein	bankbiljet n [bankbiljet]
Geldwechsel	geld wisselen [chelt wisselen]
Kasse	kassa [kassaa]
Kleingeld	kleingeld n [kläingchelt]
Kreditkarte	creditcard [kreditkaart]
Kurs	koers [kuurs]
Ladeterminal	chipautomaat [schippautomat]
Münze	munt [münnt]
Reisescheck	reischeque [räischeck]
Schalter	loket n [lookett]
Scheck	cheque [scheck]
Scheckkarte	chequekaart, betaalpasje n [scheckaart, betaalpasche]
Schweizer Franken	Zwitserse frank [switserse frank]
umtauschen	(om)wisselen [wisselen/ommwisselen]
Unterschrift	handtekening [hanteekening]
Währung	muntsoort [münntsoort]
Wechselkurs	koers [kuurs]
Zahlung	betaling [betaaling]

> *www.marcopolo.de/niederlaendisch*

VON A BIS Z

FARBEN

 Zeigebilder: Seite 4

beige	beige [bäsche]
blau	blauw [blau]
braun	bruin [bröin]
einfarbig	effen [effe]
farbig	gekleurd [cheklört]
gelb	geel [chehl]
goldfarben	goudkleurig [chautklörech]
grau	grijs [chräis]
grün	groen [chrun]
lila	lila, paars [lila, paars]
orange	oranje [orrannje]
rosa	roze [rosse]
rot	rood [rot]
schwarz	zwart [swart]
silberfarben	zilverkleurig [silverklörech]
türkis	turkoois [türkois]
violett	violet [fiolett]
weiß	wit [witt]
hellblau/hellgrün	lichtblauw/lichtgroen [lichblau, lichrun]
dunkelblau/dunkelgrün	donkerblauw/donkergroen [donkerblau, donkerchrun]

FOTOGRAFIEREN

 Zeigebilder: Seite 54, 57

Dürfte ich Sie wohl fotografieren?	Mag ik misschien een foto van u maken? [mach ick miss-chin önn foto fann ü maken]
Ist hier Fotografieren erlaubt?	Mag je hier fotograferen? [mach je hir fotochraferen]
Könnten Sie bitte ein Foto von uns machen?	Zou u alstublieft een foto van ons kunnen maken? [sau ü alstüblift önn foto fann ons können makan]
Drücken Sie bitte auf diesen Knopf.	U moet op deze knop drukken. [ü mut opdehse knopp drücken]
Das ist sehr freundlich!	Dat is heel aardig van u. [dat iss hehl ahrdech fann ü]

FUNDBÜRO

Wo ist das Fundbüro, bitte?	Waar is het bureau gevonden voorwerpen? [waar is et büroo chefonnden foorwerpen]
Ich habe … verloren.	Ik heb … verloren. [ik hep … ferlooren]
Ich habe meine Handtasche im Zug vergessen.	Ik heb mijn handtas in de trein laten liggen. [ik hep men hantas in de träin laate lichen]
Benachrichtigen Sie mich bitte, wenn sie gefunden werden sollte.	Wilt u me alstublieft informeren, als hij wordt teruggevonden? [wilt ü me alstüblift inforrmeeren als häi wortt trüchewonnden]
Hier ist meine Hotelanschrift/Heimatadresse.	Hier is het adres van mijn hotel/mijn thuisadres. [hiir is et adres fan mäin hootel/mäin töisaadress]

INTERNETCAFÉ

Wo gibt es in der Nähe ein Internetcafé?	Waar is hier in de buurt een internetcafé? [wahr iss hir in de bührt önn internettkafeh]
Wieviel kostet eine Stunde?/Viertelstunde?	Wat kost een uur/een kwartier? [wat kost önn ühr, önn quartier]
Kann ich eine Seite ausdrucken?	Kan ik een pagina printen? [kann ick önn pachina printen]
Ich habe Probleme mit dem Computer.	Ik heb problemen met de computer. [ick hepp problemen mett de kompjuter]
Kann ich bei Ihnen Fotos von meiner Digitalkamera auf CD brennen?	Kan ik bij u foto's van mijn digitale toestel op cd branden? [kann ick bäi ü fotos fann mäin dichitale tußtell opp sehdeh branden]
Haben Sie auch ein Headset zum Telefonieren?	Heeft u ook een headset om te telefoneren? [heftü ok en hätsett omm te telefoneren]

KINDER UNTERWEGS

Gibt es auch Kinderportionen?	Heeft u ook kinderporties? [heeft ü ook kinderporrsis]
Könnten Sie mir bitte das Fläschchen warm machen?	Kunt u deze fles voor me opwarmen? [künnt ü deese fles woor me oppwaremen]
Haben Sie einen Wickelraum?	Waar kan ik mijn kind een schone luier geven? [waar kan ik meng kint en schoone löier cheefen]
Bitte bringen Sie noch einen Kinderstuhl.	Heeft u voor ons ook een kinderstoel? [heeft ü foor onns ook en kinderstul]

> *www.marcopolo.de/niederlaendisch*

VON A BIS Z

Babybett	babybed [bebibett]
Babyfon	babyfon [bebifon]
Babysitter	oppas [oppass]
Fläschchenwärmer	flessenwarmer [flessewarmer]
Kinderautositz	kinderzitje n [kindersitje]
Kinderbetreuung	kinderopvang [kinderoppfang]
Kinderermäßigung	kinderkorting [kinderkorrting]
Kindernahrung	kindervoedsel n [kinderfutsel]
Nichtschwimmer	niet-zwemmer [nitswemer]
Saugflasche	fles [fless]
Schnuller	speen [speen]
Schwimmflügel	zwemvleugel [swemmflöchel]
Schwimmring	zwemband [swemmbant]
Spielplatz	kinderspeelplaats [kinderspeelplaa
Spielsachen	speelgoed n [speelchut]
Wickeltisch	commode [kommoode]
Windeln	luiers pl [löiers]

POLIZEI

Wo ist bitte das nächste Polizeirevier?	Pardon, waar is het dichtstbijzijnde politiebureau? [pardonn waar is et dichstbäisäinde poolitsibühroo]
Ich möchte einen ... melden.	Ik wil een ... melden. [ik wil en ... melden]
Diebstahl	diefstal [difstal]
Verlust	verlies [ferlis]
Unfall	ongeluk [onchelück]
Mir ist ... gestohlen worden..	Mijn ... is gestolen. [mäin ... is chestoolen]
die Handtasche	handtas [hantas]
der Geldbeutel	mijn portemonnee [münn portmonnä]
mein Fotoapparat	fototoestel n [footootustel]
mein Auto/Fahrrad	auto/fiets [auto/fits]
Mein Auto ist aufgebrochen worden.	Mijn auto is opengebroken. [men auto is oopechebrooken]
Aus meinem Auto ist ... gestohlen worden.	Uit mijn auto is ... gestolen. [öit men auto is ... chestoolen]
Ich habe ... verloren.	Ik heb ... verloren. [ik hep ... ferlooren]
Mein Sohn/Meine Tochter ist seit ... verschwunden.	Mijn zoon/dochter is sedert ...verdwenen. [mäin soon/dochter is seedert ... ferdweenen]
Können Sie mir bitte helfen?	Kunt u mij alstublieft helpen? [künnt ü mäi alstüblift helpen]

anzeigen	aangifte doen [aanchifte dun]
aufbrechen	openbreken [oopebreeken]
Autoradio	autoradio [autoraadijoo]
Autoschlüssel	autosleuteltjes pl [autoslöhteltjes]
belästigen	lastig vallen [lastech fallen]
beschlagnahmen	in beslag nemen [in beslach neemen]
Brieftasche	portefeuille [porrteföie]
Dieb	dief [dif]
Diebstahl	diefstal [difstal]
Gefängnis	gevangenis [chefangenis]
Geld	geld n [chelt]
Geldbeutel	portemonnee [porrtemonnee]
Gericht	rechtbank [rechdbank]
Papiere	papieren pl [paapiiren]
Personalausweis	legitimatie [leechitimaatsi]
Polizei	politie [poolitsi]
Polizist/in	agent [poolitsiaachent]
Rauschgift	verdovende middelen pl [ferdoofende middelen]
Rechtsanwalt/anwältin	advocaat [attfookaat]
Reisepass	paspoort n [passpoort]
Richter/in	rechter [rechter]
Scheck	cheque [scheck]
Scheckkarte	betaalpasje n [betaalpasche]
Taschendieb	zakkenroller [sackeroller]
Überfall	overval [ooferfal]
Verbrechen	misdaad [misdaat]
Vergewaltigung	verkrachting [ferkrachting]
verhaften	arresteren [aresteeren]
verlieren	verliezen [ferlisen]
zusammenschlagen	in elkaar slaan [in elkaar slaan]

POST

Wo ist ...	Waar is ... [waar is]
das nächste Postamt?	het dichtstbijzijnde postkantoor? [et dichstbäisäinde posstkantoor]
der nächste Briefkasten?	de dichtstbijzijnde brievenbus? [de dichstbäisäinde briwebüs]
Was kostet ...	Hoeveel kost ... [hufeel kosst]
ein Brief ...	een brief ... [en brif]
eine Postkarte ...	een briefkaart ... [en brifkaart]
... nach Deutschland?	... naar Duitsland? [naar döitslant]

> *www.marcopolo.de/niederlaendisch*

VON A BIS Z

... nach Österreich?	… naar Oostenrijk? [naar oosteräik]
... in die Schweiz?	… naar Zwitserland? [naar switserlant]
Diesen Brief bitte per ...	Deze brief alstublieft … [deese brif alstüblift]
Luftpost.	per luchtpost. [per lüchtposst]
Express.	per expres. [per ekspres]
Absender	afzender [afsender]
Adresse	adres n [aadress]
aufgeben	opgeven [oppcheewen]
ausfüllen	invullen [infüllen]
Brief	brief [brif]
Briefkasten	brievenbus [brifebüss]
Briefmarke	postzegel [posseechel]
Briefumschlag	envelop [anvelopp]
Eilbrief	expresbrief [ekspresbrif]
Empfänger	ontvanger [onntfanger]
frankieren	frankeren [frankeeren]
Gebühr	tarief n [taarif]
Gewicht	gewicht n [chewicht]
Luftpost, mit	per luchtpost [per lüchtposst]
Paket	pakket n [packett]
Porto	porto n [porrtoo]
Postamt	postkantoor n [posstkantoor]
Postkarte	briefkaart [brifkaart]
Postleitzahl	postcode [posstkoode]
Schalter	loket n [lookett]

TELEFONIEREN

Ich möchte eine Telefonkarte.	Een telefoonkaart graag. [en teelefoonkaart chraach]
Wie ist die Vorwahl von ...?	Wat is het netnummer van …? [wat is et netnümmer fan]
Bitte ein Ferngespräch nach ...	Een interlokaal (B interzonaal) gesprek naar … [en interlookaal/ intersonnaal chespreck naar]
Ich möchte ein R-Gespräch anmelden.	Een collect-call graag. [en kolläcktkoll chraach]
Hier spricht ...	U spreekt met … [ü spreekt met]
Hallo, mit wem spreche ich?	Hallo, met wie spreek ik? [haloo met wi spreek ik]
Kann ich bitte Herrn/ Frau ... sprechen?	Kan ik meneer/mevrouw … spreken? [kann ik meneer/mefrau ... spreeken]
Tut mir leid, er/ sie ist nicht da.	Sorry, maar hij/zij is er niet thuis. [sorri maar häi/säi is er nit töis]

Wann wird er/sie zurück sein?	Wanneer komt hij/zij terug? [waneer kommt häi/säi trüch]
Würden Sie ihm/ihr bitte sagen, ich hätte angerufen?	Wilt u zo vriendelijk zijn hem/haar te zeggen, dat ik heb gebeld. [wilt ü soo frindelek säin hem/haar te sechen dat ik hep chebellt]
abnehmen	opnemen [oppneemen]
Anruf	telefoontje n [teelefoontje]
anrufen	bellen [bellen]
Auskunft	Inlichtingen [inlichtingen]
Auslandsgespräch	internationaal gesprek n [internaaschoonaal chespreck]
besetzt	in gesprek [ing chespreck]
durchwählen	direct bellen [direkt belen]
Ferngespräch	interlokaal (B interzonaal) gesprek n [interlookaal intersonnaal chespreck]
Gebühr	tarief n [taarif]
Gespräch	gesprek n [chespreck]
Handy	mobieltje [mo'biltja]
Münzfernsprecher	telefoonautomaat [teelefoonautomaat]
Ortsgespräch	lokaal gesprek n [lookaal chespreck]
R-Gespräch	collect call [kolläcktkoll]
Telefon	telefoon [teelefoon]
Telefonbuch	telefoonboek n [teelefoonbuk]
telefonieren	telefooneren [teelefooneren]
Telefonkarte	tele(foon)kaart [teelefoongkaart]
Telefonnummer	telefoonnummer n [teelefoonümmer]
Telefonzelle	telefooncel [teelefoonsell]
Verbindung	verbinding [ferbinding]
Vermittlung	telefooncentrale [teelefoonsentraale]
Vorwahlnummer	netnummer n [netnümmer]
wählen	draaien, kiezen [draajen, kisen]

■ HANDY | MOBIELTJE [mobilche]

Bitte eine SIM-Karte.	Een SIM-kaart graag. [önn simmkahrt chraach]
Bitte eine internationale Telefonkarte.	Een internationale belkaart graag. [önn internaschonale bellkahrt chraach]
Wie viele Minuten kann ich mit einer Karte für ... sprechen?	Hoeveel minuten kan ik met een kaart voor ... telefoneren? [hufehl minüten kann ick mett önn kahrt vor ... telefonehren]
Für welches Gebiet gilt diese SIM-Karte?	Voor welk gebied is deze SIM-kaart geldig? [vor welck chebiet iss dese simmkahrt cheldech]

> *www.marcopolo.de/niederlaendisch*

VON A BIS Z

Könnten Sie mir bitte eine Tarifübersicht geben?	Heeft u voor mij een overzicht van tarieven? [heftü vor mäi önn ofersicht fann tariefen]
Haben Sie Guthabenkarten der Mobilfunkgesellschaft…?	Heeft u beltegoedkaarten van de telefoonmaatschappij…? [heftü belltechutkahrten fann de telefonmatßchappäi]

TOILETTE UND BAD

Wo ist bitte die Toilette?	Kunt u me zeggen waar hier het toilet is? [könnt ü me sechen wahr hir ött twallett iss]
Dürfte ich wohl bei Ihnen die Toilette benutzen?	Zou ik even bij u van het toilet gebruik mogen maken? [sau ick eefen bäi ü fann ött twallett chebröik mochen maken]
Würden Sie mir bitte den Schlüssel für die Toiletten geben?	Mag ik even de sleutel van de wc? [mach ick efen de slötel fann de weh-seh]
Die Toilette ist verstopft.	Het toilet is verstopt. [et twallett is ferstoppt]
Damen	Dames pl [dames]
Damenbinden	maandverband n [mahntferbannt]
Handtuch	handdoek [handuk]
Handwaschbecken	fonteintje n [fontäinche] , (B) lavabo [lafabo]
Herren	Heren pl [heeren]
sauber	schoon [s-chohn]
schmutzig	vies [fies]
Seife	zeep [sehp]
Stehklosett	pissoir n [pisswahr]
Tampons	tampons pl [tamponns]
Toilettenpapier	toiletpapier n [twallettpapier]
Wasserspülung	stortbak [s-tortback]

WIE DIE EINHEIMISCHEN

Insider Tipp

▶▶ **Wenn man mal muss …**

Öffentliche Toiletten sind nicht sehr verbreitet. *Wildplassen* („wildes Urinieren") ist ein Vergehen, das mit Bußgeldern von bis zu 50 Euro bestraft wird. Benutzen Sie lieber die Kundentoiletten der Restaurants und Warenhäuser.

IMPRESSUM

Titelbild: Corbis/Documentary Velue Special RM: Dave G. Houser
Fotos: Denis Pernath (S. 6/7, 10/11, 20/21, 52/53, 76/77, 88/89); Verspeek/
Hollandse Hoogte/laif (S. 36/37); Cortina Hotel, München (S. 66/67)
Illustrationen: Mascha Greune, München
Zeigebilder/Fotos: Lazi&Lazi; Food Collection; Comstock; stockbyte; Fisch-
Informationszentrum e.V.; Fotolia/Christian Jung; Fotolia/ExQuisine;
photos.com
Bildredaktion: Factor Product, München (S. 6/7, 10/11, 20/21, 36/37, 52/53,
66/67, 76/77, 88/89); red.sign, Stuttgart (S. 41–45)
Zeigebilder/Illustrationen: Factor Product, München; HGV Hanseatische
Gesellschaft für Verlagsservice, München (S. 44/45, 54, 56/57, 61, 63, 71, 73)

1. Auflage 2009
© MAIRDUMONT GmbH & Co. KG, Ostfildern
© auf der Basis PONS Reisewörterbuch Niederländisch
© PONS GmbH, Stuttgart

Chefredaktion: Michaela Lienemann, MAIRDUMONT
Konzept und Projektleitung: Carolin Hauber, MAIRDUMONT

Bearbeitet von: Hans Beelen, Wardenburg
Redaktion: PONS GmbH, Stuttgart; MAIRDUMONT, Ostfildern;
Barbara Pflüger, Stuttgart
Mitarbeit an diesem Werk: Jens Bey, MAIRDUMONT;
Eva-Maria Hönemann, MAIRDUMONT
Satz: Fotosatz Kaufmann, Stuttgart

Kapitel Achtung! Slang:
Redaktion: MAIRDUMONT, Ostfildern; Bintang Buchservice GmbH, Berlin
Autorin: Lisbet Harting, Münster

Titelgestaltung: Factor Product, München
Innengestaltung: Zum goldenen Hirschen, Hamburg; red.sign, Stuttgart

Das Werk einschließlich aller seiner Teile ist urheberrechtlich geschützt. Jede
urheberrechtswidrige Verwertung ist ohne Zustimmung des Verlages unzuläs-
sig und strafbar. Das gilt insbesondere für Vervielfältigungen, Übersetzungen,
Nachahmungen, Mikroverfilmungen und die Einspeicherung und Verarbei-
tung in elektronischen Systemen.
Trotz gründlicher Recherche unserer Autoren/innen können sich manchmal
Fehler einschleichen. Der Verlag kann dafür keine Haftung übernehmen.
Printed in Germany. Gedruckt auf 100% chlorfrei gebleichtem Papier.

WÖRTERBUCH

DIE 1333 WICHTIGSTEN WÖRTER

Die hinter der niederländischen Aussprache aufgeführten Zahlen verweisen auf die entsprechenden Seiten der themenbezogenen Kapitel.

A

ab af [af], vanaf [anaf]
abbestellen (Zimmer) opzeggen [oppsächen]; (Fahr-, Flugkarten) annuleren [annüleeren]
Abend avond [aawonnt]
aber maar [maar]
Abfahrt vertrek [erträk] n ›32, 34
Abflug vertrek [erträk] n ›29
ablaufen aflopen [afloopen] ‹liep af, afgelopen›
ablehnen afwijzen [afwäisen] ‹wees af, afgewezen›, weigeren [wäicheren]
Abreise vertrek [erträk] n ›69
abreisen (nach) vertrekken (naar) [erträken naar] ‹vertrok, vertrokken›
Abschied afscheid [afs-chäit] n ›12
abschleppen wegslepen [wächsleepen] ›24 f.
Absender afzender [afsänder] ›101
abwärts naar beneden [naar beneeden]
Achtung respect [räspäkt] n, eerbied [eerbit]; ~! let op! [lät opp], pas op! [pas opp]
Adresse adres [adräss] n ›101
Aktivurlaub actieve vakantie [aktiwe faakansi] ›83 ff.
alle (sämtliche) alle [alle]; (ausgegangen) op [opp]
allein alleen [alleen]
alles alles [alles]
als (zeitlich) toen [tun]; (bei Vergleich) dan [dan]
also dus [düs]
alt oud [aut]
Alter leeftijd [leeftäit] ›14
Amt (Dienststelle) bureau [büroo] n, kantoor [kantoor] n
an (räumlich) dat aan [aan]; acc naar [naar]; (zeitlich) am Abend 's avonds [saawonnts]
anbieten aanbieden [aanbiden] ‹bood aan, aangeboden›
andere andere [andere]

ändern veranderen [eranderen]
anders anders [anders]
Anfang begin [bechin] n
Angst angst [angst]
anhalten aanhouden [aanhouden] ‹hield aan, aangehouden›, stoppen [stoppen]
ankommen aankomen [aankoomen] ›32
Ankunft aankomst [aankommst] ›30
Anmeldung aanmelding [aamälding]
Anreisetag dag van aankomst [dach an aankommst]
Anruf telefoontje n [teelefoontje] ›102
anrufen opbellen [obbällen]
Anschluss aansluiting [aanslöiting] ›30, 32
Anschrift adres [adräs] n
anstatt in plaats van [im plaats an]
anstrengend vermoeiend [ermujent]
antworten antwoorden [antwoorden]
Apotheke apotheek [aapooteek] ›55, 58
Appetit trek [träk], eetlust [eetlüst]
arbeiten werken [wärken]
ärgern zich ergeren over [sich ärcheren oofer]
arm arm [arem]
Art manier [maaniir], soort [soort]
Arzt/Ärztin dokter [dokter], arts [arts] ›88 ff.
auch ook [ook]
auf prp dat op [opp]; acc naar [naar]; ~ Niederländisch in het Nederlands [in et neederlants]
aufbrechen openbreken [oopebreeken] ‹brak open, opengebroken› ›100
Aufenthalt verblijf [erbläif] n; (Zug) oponthoud [opponnthout] n, vertraging [ertraaching] ›32
aufgeben (Gepäck, Post) opgeven [oppcheewen] ‹gaf op, opgegeven› ›101
aufhören ophouden [opphouden] ‹hield op, opgehouden›
aufpassen (auf) passen op [passen opp]
aufstehen opstaan [oppstaan] ‹stond op, opgestaan›

Augenblick ogenblik [oochemblik] n
aus (Herkunft) uit [öit]; (Material) van [an]
Ausfahrt uitrit [öitritt], afrit [afritt]
Ausflug uitstapje n [öitstapje] ➤ 79
ausfüllen invullen [infüllen]
Ausgang uitgang [öitchang]
Auskunft inlichting [inlichting], informatie [inforrmaatsi] ➤ 8 f., 20, 29, 31, 33, f., 66, 76
Ausländer/in buitenlander [böitelander]
außen buiten [böiten]
außer behalve [behalfe]
außerdem bovendien [boowedin]
Aussicht uitzicht [öitsicht] n
aussprechen uitspreken [öitspreeken] ‹sprak uit, uitgesproken›
aussteigen uitstappen [öitstappen] ➤ 34
Ausweis (Personal) identiteitsbewijs [idäntitäitsbewäis] n, legitimatie [leechitimaatsi]
Auto auto [auto]; ~ **fahren** autorijden [autoräiden] ➤ 23 ff.
Autopapiere autopapieren [autopapiren] pl ➤ 27

B

Baby baby [beebi] ➤ 98 f.
Bahnhof station [staaschonn] n ➤ 31 f.
bald gauw [gou], spoedig [spudech]
Bank (Geldinstitut; Sitzbank) bank [bank] ➤ 95 f.
Bar bar [bar] ➤ 80
Baum boom [boom]
beachten letten op [lätten opp]
Beanstandung klacht [klacht] ➤ 38, 68
beantworten beantwoorden [beantwoorden]
bedeuten betekenen [beteekenen]
Bedienung bediening [bedining]
beenden afmaken [awmaaken], beëindigen [beäindechen]
befinden zich bevinden [sich befinden] ‹bevond, bevonden›
befreundet sein bevriend zijn [berint säin]
befürchten bang zijn voor [bang säin oor], vrezen [reesen]
begegnen ontmoeten [onntmuten]
beginnen beginnen [bechinnen] ‹begon, begonnen›

begleiten begeleiden [becheläiden]
begrüßen begroeten [bechruten] ➤ 10
behalten houden [houden] ‹hield, gehouden›
Behörde (overheids)instantie [ooferhäitsinstantsi]
behindertengerecht aangepast voor mensen met een handicap [ahnchepast foor mänse mät en händikäp]
Behindertentoilette invalidentoilet n [infalidetwalät]
bei (nahe) bij [bäi]
beide beide [bäide]
Beileid deelneming [deelneeming]
Beispiel voorbeeld [oorbeelt] n
beißen bijten [bäiten] ‹beet, gebeten›
beklagen klagen (over) [beklaachen oower]
belästigen lastig vallen [lastech fallen] ‹viel, gevallen› ➤ 100
beleidigen beledigen [beleedechen]
benachrichtigen inlichten [inlichten], bericht zenden [bericht sänden] ‹ond, gezonden›
benötigen nodig hebben [noodech häbben]
benutzen gebruiken [chebröiken]; (Verkehrsmittel) gebruik maken van [chebröik maaken an]
Benzin benzine [bänsine] ➤ 23 ff.
Berg berg [bärch]
Beruf beroep [berup] n
beruhigen kalmeren [kalmeeren]
beschädigen beschadigen [bes-chaadechen]
bescheinigen (schriftlijk) verklaren [s-chriftelek erklaaren]
beschließen besluiten [beslöiten] ‹besloot, besloten›
beschweren klagen (over) [klaachenoower]
besetzt (Platz, voll) bezet [besät]
besichtigen bezichtigen [besichtechen]
Besichtigung bezichtiging [besichteching] ➤ 77 ff.
besitzen bezitten [besitten] ‹bezat, bezeten›
Besitzer eigenaar [äichenaar], bezitter [besitter]
besorgen bezorgen [besorrchen]
bestätigen bevestigen [bewästechen]
Besteck bestek [bestäk] n
Bestellung bestelling [beställing] ➤ 38
bestimmt beslist [beslist]

➤ *www.marcopolo.de/niederlaendisch*

WÖRTERBUCH

besuchen bezoeken [besuken] ‹bezocht, bezocht›
Betrag bedrag [bedrach] n
betreten verb betreden [betreeden] ‹betrad, betreden›
betrinken zich bedrinken [sich bedrinken] ‹bedronk, bedronken›
betrügen bedriegen [bedrichen] ‹bedroog, bedrogen›, oplichten [opplichten]
betrunken dronken [dronnken]
Bett bed [bät] n
Bewohner bewoner [bewooner]
bewusstlos bewusteloos [bewüsteloos] >90 f.
bezahlen betalen [betaalen]
Biene bij [bäi]
Bild (Foto) foto [footoo]; (Abbildung) afbeelding [afbeelding], plaatje [plaatje] n; (Gemälde) schilderij [s-childeräi] n
billig goedkoop [chukoop]
bis tot [tott]; ~ **jetzt** tot nu toe [tott nü tu]
bisschen een beetje [en beetje]
bitte alstublieft [alstüblift]; >12; **Bitte** verzoek [ersuk] n; (Antwort auf Dank) graag gedaan [chraa chedaan] >12
bitten iemand iets verzoeken [imant its ersuken] ‹verzocht, verzocht›
blau blauw [blau]
bleiben blijven [bläien] ‹bleef, gebleven›
Blitz (Wetter) bliksem [bliksem]; (Foto) flits [flits]
Blume bloem [blum]
Blut bloed n [blut] >91
Boden bodem [boodem], grond [chronnt]; (Fuß~) vloer [luur]
Boot boot [boot] >83 f.
böse boos [boos]
Botschaft (dipl. Vertretung) ambassade [ambassaade]
Brand brand [brant]
brauchen nodig hebben [noodech häbben]
brechen breken [breeken] ‹brak, gebroken›
breit breed [breet]
Bremse rem [räm] >24 f.
brennen branden [branden]
Brief brief [brif] >100 f.
Brieftasche portefeuille [porrtefŏije] >100

Brille bril [brill] >62
bringen brengen [brängen] ‹bracht, gebracht›
Brot brood n [broot] >43, 46, 60
Bruder broer [bruur]
Buch boek [buk] n
buchstabieren spellen [spällen]
Bucht bocht [bocht], baai [baai]
Buchung boeking [buking] >6 ff., 30, 33, 67
Büro bureau [büroo] n, kantoor [kantoor] n
Bus bus [büss] >34

C

Café tearoom [tiiruum], café [kaafee] n
Camping camping [kämping] >9, 74 f.
Chef chef [schäf]
Club/Diskothek club/discotheek [klüpp/diskotek] >80
Computer computer [kompjuter] >57
Computerhandlung computerwinkel [kompjuterwinkel] >54, 57
Cousin/e neef [neef] /nicht [nicht]

D

da (Ort) daar [daar]; (Grund) omdat [ommdat]; (Zeit) toen [tun], dan [dan]
dafür sein ervoor zijn [äroor säin]
dagegen sein ertegen zijn [ärteechen säin]
daheim thuis [töis]
daher (Grund) daarom [daaromm]
damals toen [tun], destijds [dästäits]
Dame dame [daame]
danach daarna [daarnaa]
danken (be)danken [bedanken]
dann dan [dann], toen [tun]
dasein aanwezig zijn [aanweesech säin]
dasselbe hetzelfde [hetsälfde]
Datum datum [daatem] >17
Dauer duur [dühr]
dauern duren [düren]
Decke (Bett~) deken [deeken]; (Zimmer~) plafond [plaafonn] n
defekt defect [däfäkt] >24 f.
dein (betont) jouw [jou]; (unbetont) je [je]
denken an denken aan [dänken aan] ‹dacht, gedacht›

denn want [want]
deshalb daarom [daaromm], dus [düs]
Deutsche, der/die ~ Duitser [döitser] / Duitse [döitse]
Deutschland Duitsland [döitslant]
dich (betont) jou [jou]; (unbetont) je [je]
dick dik [dik]
Diebstahl diefstal [difstal] >99 f.
diese(r, -s) deze [deese], (bei Sache) dit [ditt]
Ding ding [ding] n
dir (betont) jou [jou]; (unbetont) je [je]
Direktor directeur [diräktöhr]
Disko disco(theek) [diskooteek] >80
doch toch [toch]
Doktor (Arzt) dokter [dockter]
doppelt dubbel [dübbel]
Dorf dorp [dorrep] n
draußen buiten [böiten]
drin(nen) binnen [binnen]
dringend dringend [dringent]
Drogerie drogist [droochist] >54, 56
du (betont) jij [jäi]; (unbetont) je [je]
dumm dom [domm]
dunkel donker [donnker]
dünn dun [dünn]
durch door [door]
Durchgang doorgang [doorchang]
Durchreise doorreis [dooräis]
durchschnittlich gemiddeld [chemiddelt]
dürfen mogen [moochen] ‹mocht, gemogen›
durstig dorstig [dorrstech]

E

eben (flach) vlak [lak], plat [plat]; (zeitlich) zo-even [sooeewen]
Ebene vlakte [lakte]
echt echt [ächt]
Ecke hoek [huk]
Ehe huwelijk [hüwelek] n
Ehefrau echtgenote [ächtchenoote]
Ehemann echtgenoot [ächtchenoot]
Ehepaar echtpaar [ächtpaar] n
Ei ei [äi] n ‹eieren›
Eigenschaft eigenschap [äichens-chap]
Eigentümer eigenaar [äichenaar]

eilig haastig [haastech]
ein(e) art een [en]
Einfuhr invoer [inwuur] >22
Eingang ingang [ingchang]
einige enkele [änkele], enige [eeneche]
einigen het eens worden [et eens worrden]
einkaufen inkopen [inkoopen] ‹kocht in, ingekocht›, boodschappen doen [boots-chappen dun] ‹deed, gedaan› >52ff.
einladen uitnodigen [öitnoodechen]
einmal eens [eens]
einreisen binnenreizen [binneräisen]
eins één [een]
einsam eenzaam [eensaam]
eintreten binnenkomen [binnekoomen] ‹kwam binnen, binnengekomen›
Eintrittskarte entreekaartje n [antreekaartje] >81
Einwohner inwoner [inwooner]
Eisenbahn trein [träin] >31 ff.
Elektrohandlung elektrozaak [eeläktoosaak] >54, 57
Eltern ouders [ouders] pl
E-Mail-Adresse e-mailadres [imailadress] >8
Empfang (Erhalt) ontvangst [onntfangst]; (Trinken, Hotel) receptie [resäpsi]
Empfänger ontvanger [onntfanger] >101
empfehlen aanbevelen [aambefeelen] ‹beval aan, aanbevolen›
enden eindigen [äindechen]
endgültig definitief [deefinitif]
endlich eindelijk [äindelek]
englisch Engels [ängels]
Enkel/in kleinkind [kläinkint] n, kleinzoon [kläinsoon], kleindochter [kläindochter]
entdecken ontdekken [onndäcken]
entfernt ver [är]
entgegengesetzt tegenovergesteld [teechenooferchestält]
entlang langs [langs]
entscheiden beslissen [beslissen]
entschließen besluiten [beslöiten] ‹besloot, besloten›
Entschluss besluit [beslöit] n

> *www.marcopolo.de/niederlaendisch*

WÖRTERBUCH

entschuldigen verontschuldigen [eronnts-chüldechen]; **s. ~** zich verontschuldigen [sicheronnts-chüldechen] ➤ 12

Entschuldigung verontschuldiging [eronnts-chüldeching] ➤ 12

enttäuscht teleurgesteld [telöhrchestält]

entweder ... oder of ... of [off ... off]

entwickeln ontwikkelen [onntwikelen]

ereignen, s. ~ gebeuren [cheböhren]

Erde aarde [aarde]

Erdgeschoss begane grond [bechaane chronnt]

ereignen, s. ~ gebeuren [cheböhren]

Ereignis gebeurtenis [cheböhrtenis]

erfahren verb vernemen [erneemen] ‹vernam, vernomen›, te weten komen [te weete koomen]

erfreut (über) verheugd (over) [erhöhcht oower]

Ergebnis uitslag [öitslach], resultaat [reeseltaat] n

erhalten (bekommen) krijgen [kräichen] ‹kreeg, gekregen›; (bewahren) behouden [behouden] ‹behield, behouden›, bewaren [bewaaren]

erhältlich verkrijgbaar [erkräichbaar]

erholen bijkomen [bäikoomen] ‹kwam bij, bij-gekomen›, zich ontspannen [sich onntspannen]

erinnern iemand aan iets herinneren [imant aan its härinneren]; **s. ~** zich herinneren [sichhärinneren]

erkennen (wiedererkennen) herkennen [härkännen]; (eingestehen) erkennen [ärkännen]

erklären (angeben) verklaren [erklaaren]; (deutlich machen) uitleggen [öitlachen]

erkundigen informeren naar [inforrmeere naar]

erlauben toestaan [tustaan] ‹stond toe, toegestaan›, veroorloven [eroorloowen]

Erlaubnis verlof [erloff] n, vergunning [erchünning]

erledigen afhandelen [afhandelen], uitvoeren [öitfuren]

Ermäßigung korting [korrting] ➤ 31 f.

ernst ernstig [ärnstech]

erreichen bereiken [beräiken]

Ersatz (Schaden~) vergoeding [erchuding]

erschöpft uitgeput [öitchepet]

erschrecken laten schrikken [laate s-chricken]; (erschrocken sein) schrikken [s-chricken] ‹schrok, geschrokken›

ersetzen vervangen [erwangen] ‹verving, vervangen›; (Schaden) vergoeden [erchuden]

erst adv pas [pas]

Erwachsene(r) volwassene [wollwassene]

erzählen vertellen [ertällen]

Erziehung opvoeding [oppfuding]

es gibt er is sing/er zijn pl [är is/är säin]

essbar eetbaar [eetbaar]

Essen eten [eeten] n; **essen** eten [eeten] ‹at, gegeten› ➤ 36 ff., 60, 62

essen eten [eeten] ‹at, gegeten›

etwa ongeveer [onngcheweer]

etwas iets [its]

euch jullie [jülli]

euer jullie [jülli], je [je]

Euro euro [öro] ➤ 95 f.

Europa Europa [ühroopaa]

Europäer/in Europeaan [öhroopeejaan]

F

Fabrik fabriek [faabrik]

fahren rijden [räiden] ‹reed, gereden›; (Schiff) varen [waaren] ‹voer, gevaren›

Fahrkarte kaartje n [kaartje] ➤ 32, 34 f.

Fahrplan spoorboekje n [spoorbukje], dienstregeling [dinstreecheling] ➤ 32

Fahrrad fiets [fits] ➤ 23 ff., 85

Fahrstuhl lift [lift]

Fahrt rit [ritt]; (Schiff) vaart [waart]; (Tour) tochtje n [tochje]

fallen vallen [wallen]

falsch fout [fout]; (betrügerisch) vals [alls]

Familie (Verwandtschaft) familie [faamili]; (Eltern u. Kinder) gezin [chesin] n

Familienname familienaam [faamilinaam] ➤ 22

Farbe kleur [klöhr]; (zum Anstreichen) verf [ärf] ➤ 4, 97

faul lui [löi]; (Obst) rot [rott]

fehlen ontbreken [onntbreeken] ‹ontbrak, ontbroken›

Fehler fout [fout]

Feiertag feestdag [feesdach] ➤ 18 f.

Feld veld [wält] (n)
Fels rots [rotts]
Ferien vakantie [faakansi]
Ferienhaus vakantiehuisje [faakansihöische] n >9, 72
Ferngespräch interlokaal (B interzonaal) gesprek n [interlookaal intersonnaal chespräk] >101 f.
fertig klaar [klaar]
Fest feest [feest] n
fett vet [fät]
feucht vochtig [fochtech]
Feuer vuur [führ] n
Feuerlöscher brandblusser [brandblesser]
Feuermelder brandmelder [brandmälder]
Feuerwehr brandweer [brantweer]
Film film [film] (Kino) >81
finden vinden [winden] ‹vond, gevonden›
Firma firma [firmaa]
Fisch vis [fiss] >45, 47, 60
Fischhändler viswinkel [fisswinkel]
Flasche fles [fläs]
Fleisch vlees [lees] n >44, 48
Fliege vlieg [lich]
fliegen vliegen [lichen] ‹vloog, gevlogen›
fließen stromen [stroomen]
Flirt flirt [flürt], avontuurtje [aawonntührtje] n >15 f.
Flug vlucht [lücht] >29 f.
Flughafen luchthaven [lüchthaafen] >29 f.
Flugzeug vliegtuig [lichtöich] n >29 f.
Fluss rivier [riwiir]
folgen volgen [wollchen]
fordern eisen [äisen] ‹eiste, geëist›
Formular formulier [forrmüliir] n
fort weg [wäch]
fortsetzen voortzetten [oortsätten], vervolgen [erollchen]
Foto foto [footoo]
Fotoartikel fotoartikelen pl [footooartikelen] >54, 57
fotografieren fotograferen [footoochraafeeren] >97
Frage vraag [raach]
fragen vragen [raachen] ‹vroeg, gevraagd›
frankieren frankeren [frankeeren] >101

französisch Frans [frans]
Frau vrouw [rou]; (Anrede; vor Namen) mevrouw [merou]
Fräulein juffrouw [jüfrou]
frei vrij [räi]; (gratis) gratis [chraatis]; **im Freien** in de openlucht [in de oopelücht]
fremd vreemd [reemt]
Fremde vreemdeling [reemdeling]
Fremdenführer gids [chits]
Freude vreugde [röhchde]
freuen zich verheugen op/over [sich erhöhchen opp/oower]
Freund/in vriend [rint], vriendin [rindin]
freundlich vriendelijk [rindelek]
Freundlichkeit vriendelijkheid [rindelekhäit]
Friede vrede [reede]
frieren het koud hebben [et kout häbben]; **es friert** het vriest [et rist] ‹vroor, gevroren›
frisch (kühl) fris [friss]; (Lebensmittel) vers [ärs]
Friseur kapper [kapper] >54, 58 f.
froh blij [bläi]
früh vroeg [ruch]
Frühstück ontbijt [onndbäit] n >46, 68
fühlen voelen [wulen]
Führer (für Fremde) gids [chits]
Führerschein rijbewijs [räibewäis] n
Führung rondleiding [ronntläiding] >77 f.
Fundbüro bureau gevonden voorwerpen [büroo chewonnde oorwärpen] >98
funktionieren functioneren [fünkschooneeren]
für voor [oor]
fürchten vrezen [reesen]; **s. ~ vor** bang zijn voor [bang säin oor]
fürchterlich verschrikkelijk [ers-chrickelek], vreselijk [reeselek]

G

Gabel vork [forrek]
Gang (Auto) versnelling [ersnälling]; (Durchgang; Essen; Flur) gang [chang]
ganz (gesamt) adj geheel [cheheel] heel [heel]; adv helemaal [heelemaal]
Garage garage [chraasche]
Garantie garantie [chaarantsi]

> www.marcopolo.de/niederlaendisch

WÖRTERBUCH

Garten tuin [töin]
Gast gast [chast]
Gastgeber/in gastheer [chastheer]/gastvrouw [chastfrou]
Gasthaus/Gasthof hotel [hootäl] n, restaurant [rästoorant] n
Gebäude gebouw [chebouw] n
geben geven [cheefen] ‹gaf, gegeven›
Gebet gebed [chebät] n
geboren geboren [chebooren]
Gebühr kosten [kossten] pl
Geburt geboorte [cheboorte]
Geburtstag verjaardag [erjaardach]
Geburtsdatum geboortedatum [cheboortedaatem]
Geburtsname geboortenaam [cheboortenaam] ›22
Geburtsort geboorteplaats [cheboorteplaats] ›22
Gedanke gedachte [chedachte]
gefährlich gevaarlijk [chefaarlek]
Gefallen iemand een plezier doen [imant en plesiir dun]
Gefängnis gevangenis [chefangenis] ›100
Gefühl gevoel [cheful] n
gegen (wider) tegen [teechen]; (zeitlich) omstreeks [ommstreeks]
Gegend streek [streek]
Gegenstand (Gesprächs-) onderwerp [onnderwärp] n, thema [teema] n; (Ding) voorwerp [oorwärp] n, ding [ding] n
Gegenteil tegendeel [teechendeel] n
geheim geheim [chehäim]
gehen gaan [chaan] ‹ging, gegaan›; (zu Fuß) lopen [loopen] ‹liep, gelopen›
gehören (be)horen [behooren]
Geistlicher geestelijke [cheesteleke]
gelb geel [cheel]
Geld geld [chält] n ›95 f.
Geldautomat geldautomaat [chältautoomaat] ›96
Geldbeutel portemonnee [porrtemonnee]
Geldstück geldstuk [chältstück] n
Geldwechsel geld wisselen [chelt wisselen] ›95 f.
Gelegenheit gelegenheid [cheleechenhäit]

gemeinsam gemeenschappelijk [chemeenschappelek]
gemischt gemengd [chemängt]
Gemüse groenten ›41, 48, 60
genau precies [presis], nauwkeurig [nouköhrech]
genießen genieten [cheniten] ‹genoot, genoten›
genug genoeg [chenuch]
geöffnet geopend [cheoopent]
Gepäck bagage [baachaasche] ›30, 32
geradeaus rechtdoor [rächdoor]
Gericht (Essen) gerecht [cherächt] n; (Justiz) rechtbank [rächdbank]
gern graag [chraach]
Geruch reuk [röhk], geur [chöhr]
Geschäft (Laden) winkel [winkel] ›54 ff.; (Handel) zaak [saak]
geschehen gebeuren [cheböhren]
Geschenk cadeau [kaadoo] n
Geschichte geschiedenis [ches-chidenis], (Erzählung) verhaal [erhaal] n
geschlossen gesloten [cheslooten]
Geschmack smaak [smaak]
Geschwindigkeit snelheid [snälhäit]
Gesellschaft gezelschap [chesäls-chap] n; (soziologisch) samenleving [saamenleefing]
Gespräch gesprek [chespräk] n
gesund gezond [chesonnt]
Gesundheit gezondheid [chesonnthäit]
Getränk drank [drank] ›38, 45, 50 f., 60
getrennt apart [aapart]
Gewicht gewicht [chewicht] n
gewinnen winnen [winnen] ‹won, gewonnen›
gewiss zeker [seeker]
Gewitter onweer [onnweer] n
gibt er is [är is] sing, er zijn [är säin] pl
Gift gif [chif] n
Gipfel top [topp], kruin [kröin]
Gitarre gitaar [chitaar]
Glas glas [chlas] n
Glaube geloof [cheloof] n
glauben geloven [cheloowen]
gleich adj gelijk [cheläik]; (sofort) meteen [meteen]
Glück geluk [chelük] n

glücklich gelukkig [chelückech]
Glückwunsch felicitatie [feelisitaatsi] >12
Gott God [chott]
Gottesdienst dienst [dinst], H. Mis [häileche miss]
Grab graf n [chraf]
Grad graad [chraat]; (akad.) titel [titel]
gratulieren feliciteren [feelisiteeren], gelukwensen [chelükwänsen] ‹wenste geluk, gelukgewenst›
grau grijs [chräis]
Grenze grens [chräns] >22 f.
groß groot [chroot]
Größe (Ausdehnung) grootte [chroote]; (Kleidung, Schuhe) maat [maat]
Großmutter grootmoeder [chrootmuder]
Großvater grootvader [chrootfader]
grün groen [chrun]
Grund grond [chronnt]; (Beweg~) reden [reeden]
Gruppe groep [chrup]
grüßen groeten [chruten]
gültig geldig [chäldech] >22
gut goed [chut]

H

Haar haar n [haar] >58 f.
haben hebben [häbben] ‹had, gehad›
Hafen haven [haawen] >33 f., 79
halb half [hallef]
Hallo! Hallo! [halloo]
halt! stop! [stopp]
halten (fest~) (vast)houden [houden/asthouden] ‹hield (vast), (vast)gehouden›; (stehen bleiben) stoppen [stoppen]
Haltestelle halte [halte] >34 f.
Handy mobieltje [mo'biltjə] >102 f.
hart hard [hart]
hässlich lelijk [leelek]
häufig adv vaak [faak], dikwijls [dikwels]
Haus huis [höis] n ‹huizen›
Hausbesitzer/in eigenaar/eigenares [äichenaaräs] >72
hausgemacht eigengemaakt [äichechemaakt]
Haushaltswaren huishoudelijke artikelen [höishoudeleke artikelen] pl

heilig heilig [häilech]
Heimat vaderland [faaderlant] n
heimlich stiekem [stikem]
Heimreise thuisreis [töisräis]
heiraten trouwen [trauwen]
heiß heet [heet]
heißen heten [heeten] ‹heette, geheten›
heiter helder [hälder]; (Stimmung) vrolijk [roolek]
Heizung verwarming [erwarming]
helfen helpen [hälpen] ‹hielp, geholpen›
hell licht [licht]
herein! binnen! [binnen]
hereinkommen binnenkomen [binnekoomen] ‹kwam binnen, binnengekomen›
Herkunft herkomst [herkomst] >14
Herr heer [heer]; (Anrede) mijnheer/meneer [meneer]
heute vandaag [andaach]
hier hier [hiir]
Hilfe hulp [hülp]; **erste ~** eerste hulp [eerste hülp], EHBO [eehaabeeoo]
Himmel hemel [heemel]
hinlegen neerleggen [neerlächen]; **s. ~** gaan liggen [chaan lichen]
hinsetzen, s. ~ gaan zitten [chaan sitten]
hinter achter [achter]
Hobby hobby [hobbi]
hoch hoog [hooch]
Hochzeit (Feier) bruiloft [bröilofft]
hoffen hopen [hoopen]
höflich beleefd [beleeft], hoffelijk [hoffelek]
Höhe hoogte [hoochte]
Höhepunkt hoogtepunt [hoochtepünt] n
Holz hout [hout] n
Honorar honorarium [hoonooraarijem] n
hören horen [hooren]; (zu~) luisteren (naar) [löisteren naar]
Hotel hotel [hootäl] n >6 f., 66 ff.
hübsch mooi [mooi], knap [knap]
Hügel heuvel [höhwel]
Hund hond [honnt]
Hunger honger [honnger]
hungrig sein trek hebben (in) [träk häben in] ‹had, gehad›
Hütte hut [hüt]

> *www.marcopolo.de/niederlaendisch*

WÖRTERBUCH

I

ich ik [ik]
Idee idee [idee] n
ihr pers prn nom pl jullie [jülli]; dat sing haar [haar]; poss prn sing haar [haar]; pl hun [hün]
Imbiss snackbar [snäkbar]
immer altijd [alltäit]
imstande sein in staat zijn [in staat säin]
in dat in [in]; acc naar [naar]
inbegriffen inbegrepen [imbechreepen]
informieren informeren [inforrmeeren]
Inhalt inhoud [inhout]
innen binnen [binnen]
Innenstadt binnenstad [binnestat], centrum n [säntrem]
innerhalb binnen [binnen]
Insekt insect [insäkt] n
Insel eiland [äilant] n
interessieren, s. ~ zich interesseren (voor) [sich interäseeren oor]
international internationaal [internaaschoonaal]
Internet internet [internett]
Internetadresse internetadres [internetadress] ➤ 8
irren, s. ~ zich vergissen [sich ferchissen]
Irrtum vergissing [erchissing]

J

Jahr jaar [jaar] n
Jahreszeit jaargetijde [jaarchetäide] n ➤ 18
jeder adj ieder(e) [idere], elk(e) [älek/älke]; prn iedereen [idereen]
jedesmal elke keer [älke keer]
jemand iemand [imant]
jetzt nu [nü]
Jugendherberge jeugdherberg [jöhchthärbärch] ➤ 66, 75
jung jong [jonng]
Junge jongen [jonngen]
Junggeselle vrijgezel [räichesäl]

K

Kabine (Schiff) hut [hüt]; (zum Baden) kleedhokje [klethockje] n

Kaffee koffie [koffi]
kalt koud [kaut]
Kanal kanaal [kaanaal] n
Kapelle (Gebäude) kapel [kaapäl] ➤ 78; (Musik~) band [bänt]
kaputt kapot [kaapott], stuk [stück]
Käse kaas [kaas] ➤ 43, 46, 62
Kasse kas [kass], kassa [kassaa] n; (Schalter) loket [lookät] n
Katze kat [katt]
Kauf koop [koop]
kaufen kopen [koopen] ‹kocht, gekocht›
kaum nauwelijks [nauweleks]
Kaution onderpand [onnderpant] n
kein geen [cheen]
keiner niemand [nimant]
keinesfalls in geen geval [ing cheen cheall]
Kellner/in ober [oober], kelner [kälner]
kennen kennen [kännen]
kennen lernen leren kennen [leeren kännen] ➤ 10 ff.
Kind kind [kint] n ‹kinderen›
Kino bioscoop [bijosskoop] ➤ 80 f.
Kirche kerk [kärk] ➤ 78
Kissen kussen [küssen] n
Kleidung kleding [kleeding] ➤ 59 ff.
klein klein [kläin]
Kleingeld kleingeld n [kläingchält]
Klima klimaat [klimaat] n
Klingel bel [bäl]
klingeln bellen [bällen]
klug verstandig [erstandech], knap [knap]
Kneipe kroeg [kruch], café [kaafee] ➤ 80
knipsen (Foto) een kiekje maken [eng kikje maakn]
kochen (Wasser; Essen) koken [kooken]; (Kaffee, Tee) zetten [sätten]
Koffer koffer [koffer]
Kohle kool [kool]
kommen komen [koomen] ‹kwam, gekomen›
Kompass kompas [kommpas] n
Komplimente complimenten [komplimenten] ➤ 13
Kondom condoom [konndoom] n
Konfession geloofsbelijdenis [cheloofsbeläidenis]

112 | 113

können kunnen [künnen] ‹kon, gekund›; (gelernt haben) kennen [kännen]
Konsulat consulaat [konnsülaat] n
Kontakt contact [konntakt] n
kontrollieren controleren [konntrooleeren]
Konzert concert [konnsärt] n > 80 f.
Körper lichaam [lichaam] n
kosten kosten [kossten]
krank ziek [sik] > 90 ff.
Krankenhaus ziekenhuis n [sikehöis] > 91 ff.
Krankenwagen ziekenauto/ziekenwagen [sikenauto/sikewaachen]
Krankheit ziekte [sikte] > 90 ff.
Kreditkarte creditcard [kräditkaart] > 52, 69, 96
Krieg oorlog [oorloch]
kritisieren bekritiseren [bekritiseeren]
Küche keuken [köhken]
kühl koel [kul], kil [kill]
Kultur cultuur [kültuhr] > 76 ff.
Kummer verdriet [erdrit] n
kümmern zorgen voor [sorrchen oor]
Kurs (Richtung; Wechsel-~) koers [kuurs]; (Unterricht) cursus [kürses]
Kurve bocht [bocht]
kurz kort [korrt]
kürzlich kort geleden [korrt cheleeden]
Kuss kus [küs]
küssen kussen [küssen]
Küste kust [küst]

L

lachen lachen [lachen] ‹lachte, gelachen›
Laden winkel [winkel]
Lage (Situation) toestand [tustant]; (eines Ortes) ligging [liching]
Land land [lant] n; (Bundesland) deelstaat [deelstaat]; (Gegensatz zur Stadt) platteland [plattelant] n
Landkarte landkaart [lantkaart] > 65
Landschaft landschap n [lants-chap]
lang lang [lang]
Länge lengte [längte]
langsam langzaam [langsaam]
langweilig saai [saai]
Lärm lawaai [laawaai] n

lassen laten [laaten] ‹liet, gelaten›
lästig lastig [lastech]
Lastwagen vrachtauto [rachtauto]
laufen lopen [loopen] ‹liep, gelopen›
laut luid [löit], hard [hart]
Lautsprecher luidspreker [löitspreeker]
Leben leven [leefen] n
leben leven [leefen]
Lebensmittel pl levensmiddelen [leefensmiddelen] pl > 60, 62
ledig ongetrouwd [onngchetrout], ongehuwd [onngchehühwt] > 22
leer leeg [leech]
legen leggen [lächen]
leicht (einfach) gemakkelijk [chemackelek]; (Gewicht) licht [licht]
leider helaas [heelaas]
leihen lenen [leenen] > 29, 75, 83
leise zacht [sacht]
Leiter/in (Person) leider/leidster [läider/läitster]; (Sache) ladder [lader]
lesen lezen [leesen] ‹las, gelezen›
letzte(r, -s) laatste [laatste]
Leute mensen [mänsen] pl
Licht licht [licht] n
lieb lief [lif]
lieben houden van [houden an] ‹hield, gehouden›
liebenswürdig vriendelijk [rindelek]
lieber liever [lifer]
Lied lied [lit] n
liegen liggen [lichen] ‹lag, gelegen›
links links [links]
Loch gat [chat] n ‹gaten›
Löffel lepel [leepel]
Lohn loon [loon] n
Lokal (Gaststätte) café [kaafee] n, restaurant [rästoorant] n; (Tanzlokal)
löschen blussen [blüssen]
Luft lucht [lücht]
Lüge leugen [löhchen]
lustig vrolijk [roolek]; (erheiternd) grappig [chrappech]

> *www.marcopolo.de/niederlaendisch*

WÖRTERBUCH

M

machen doen [dun] ‹deed, gedaan›; (herstellen) maken [maaken]
Mädchen meisje [mäische] n
Mahlzeit maaltijd [maaltäit]
Mal maal [maal], keer [keer]; **einmal** één keer [en keer]
man men [män]
manchmal af en toe [af än tu]
Mangel gebrek [chebräk] n
Mann man [mann]
männlich mannelijk [mannelek]
Markt markt [marekt, mart] ›54, 79
Maschine machine [maaschine]
Maß maat [maat];
Medikament geneesmiddel [cheneesmiddel], medicijn n [meedisäin] ›55, 58, 90
Meer zee [see]
mehr meer [meer]
mein (betont) mijn [mäin]; (unbetont) m'n [men]
meinen verb menen [meenen]; (jdn/etw) bedoelen [bedulen]
Meinung mening [meening]
Mensch mens [mäns]
merken merken [märken]; **s. etw ~** onthouden [onnthouden] ‹onthield, onthouden›
Messe (rel) mis [miss]; (Ausstellung) beurs [böhrs]
Messer mes [mäss] n
mich (betont) mij [mäi]; (unbetont) me [me]
Miete huur [hühr]
mieten huren [hühren]
Mietwagen huurwagen [hührwaachen] ›7f., 29
mindestens minstens [minstens]
minus min [min]; (Temperatur) onder nul [onnder nül]
Minute minuut [minüt]
mir (betont) mij [mäi]; (unbetont) me [me]
misstrauen wantrouwen [wantrauwen]
missverstehen niet goed begrijpen [nit chut bechräipen] ‹begreep, begrepen›
mit met [mät]
mitbringen meebrengen [meebrängen] ‹bracht mee, meegebracht›
mitnehmen meenemen [meeneemen] ‹nam mee, meegenomen›
Mittag middag [middach]
Mittagessen middageten n [middacheeten], lunch [lünsch] ›36ff.
Mitte midden [midden] n
mitteilen mededelen [meedeedeelen]
Mittel middel [middel] n
Möbel meubel [möhbel] n
Mode mode [moode] ›59ff.
modern modern [moodärn]
mögen (gern haben) houden van [houde an] ‹hield, gehouden›; (wünschen) graag willen [chraach willen]; (Essen und Trinken) lusten [lüsten]
möglich mogelijk [moochelek]
Moment moment [momänt] n
Monat maand [maant] ›18
Mond maan [maan]
Morgen morgen [morrchen], ochtend [ochtent]
morgens 's morgens [smorrchens]
Motor motor [mootorr] ›24, 27
Motorrad motor(fiets) [mootorrfits] ›23ff.
Mücke mug [müch]
müde moe [mu], vermoeid [ermuit]
Mühe moeite [muite]
Müll vuilnis [föilnes] n, afval [afall] n
Münze munt [münt]
Museum museum [müseejem] n ›77f.
Musik muziek [müsik]
müssen moeten [muten] ‹moest, gemoeten›
Mutter moeder [muder]

N

nach (zeitlich) na [naa]; (räumlich) naar [naar]
Nachbar/in buurman/buurvrouw [bührman/bührrou]
nachher later [laater], naderhand [naaderhant]
nachmittags 's middags [s middachs]
Nachricht bericht [bericht] n
nächste(r, -s) dichtstbijzijnde [dichtstbäisäinde]
Nacht nacht [nacht]
Nachtclub nachtclub [nachtklüp] ›80
nackt naakt [naakt]
nahe dichtbij [dichbäi], vlakbij [lagbäi]
Nahverkehr streekvervoer [streekerfuur] ›34f.
Name naam [naam] ›11, 22
nass nat [nat]

Nation natie [naatsi]
Natur natuur [naatühr]
natürlich natuurlijk [naatührlek]
neben naast [naast]
Neffe neef [neef]
nehmen nemen [neemen] ‹nam, genomen›
nennen noemen [numen]
nervös nerveus [närwöhs]
nett aardig [aardech]
neu nieuw [niiw]
neugierig nieuwsgierig [niiws-chiirech]
Neuigkeit nieuwtje [niiwtje] n
nicht niet [nit]
Nichte nicht [nicht]
nichts niets [nits]
nie nooit [nooit]
nieder, niedrig laag [laach]
niemand niemand [nimant]
nirgends nergens [närchens]
noch nog [noch]
Norden noorden [noorden] n
normal normaal [norrmaal]
Notausgang nooduitgang [nootöitchang] > 30
Notbremse noodrem [nooträm] > 32
nötig nodig [noodech]
Notrufsäule praatpaal [praatpaal] > 27
Nummer nummer [nümmer] n
nur slechts [slächs]

O

ob of [off]
oben boven [boowen]
Ober ober [oober]
Obst fruit n [fröit] > 42, 49 f.
oder of [off]
Ofen kachel [kachel]; (Backofen) oven [oofen]
offen open [oopen]
öffentlich openbaar [oopembaar]
öffnen openen [oopenen]
Öffnungszeiten openingstijden
[oopeningstäiden] > 53
oft vaak [waak], dikwijls [dikwäils, dikwels]
ohne zonder [sonnder]
ohnmächtig bewusteloos [bewüsteloos]
Öl olie [ooli]

Onkel oom [oom]
Optiker opticien [oopptischä] > 54, 62
Ort plaats [plaats]
Ortschaft plaatsje [plaatsche] n
Osten oosten [oosten] n
Österreich Oostenrijk [oosteräik]
Österreicher/in Oostenrijker/Oostenrijkse
[oosteräiker/oosteräikse]

P

Paar paar [paar] n
Päckchen pakje [pakje] n
packen pakken [packen]
Paket pakket [pakät] n > 101
Panne pech [päch] > 24, 26
Papiere papieren pl [paapiiren]
Park park [parek] n
parken parkeren [parkeeren] > 24
Pass (Ausweis) paspoort [passpoort] n
Passagier passagier [passaaschiir]
passieren (vorbeigehen) passeren [passeeren];
(geschehen) gebeuren [cheböhren]
Passkontrolle pascontrole [passkonntrolle]
> 22 f.
Pension pension [pänschonn] > 8 f., 66 ff.
Person persoon [pärsoon]
Personal personeel [pärsooneel] n
Personalausweis legitimatie [leechitimaatsi],
identiteitsbewijs [idäntitäitsbewäis]
Personalien pl personalia [pärsoonaalijaa] n
Pfand (onder)pand [pant/onnderpant] n; (Flaschen) statiegeld [staatsichält] n
Pflanze plant [plant]
Pflicht plicht [plicht]
Platz (in der Stadt) plein [pläin] n; (Raum; Sitz)
plaats [plaats]
plötzlich adv plotseling [plottseling]
plus plus [plüs], (Temperatur) boven nul
[boowe nül]
Politik politiek [poolitik]
Polizei politie [poolitsi] > 99 f.
Portier portier [porrtiir]
Postamt postkantoor n [posstkantoor] > 100 f.
Preis prijs [präis]
Priester priester [prister]

> **www.marcopolo.de/niederlaendisch**

WÖRTERBUCH

pro voor [oor]
Programm programma [proochrammaa] n
Promille promillage n [proomilaasche]
Prozent procent [proosänt] n
prüfen controleren [kintrooleeren]
pünktlich stipt [stippt]
putzen poetsen [putsen], schoonmaken [s-choomaaken]

Q

Qualität kwaliteit [kwaaliteit]
Quelle bron [bronn]
quittieren kwiteren [kwiteeren]

R

Rabatt korting [korrting]
Rad fahren fietsen [fitsen] >23 ff., 85
Radio radio [raadijoo]
Rampe hellingbaan [hälingban]
Rand rand [rant]
rasch snel [snäl], vlug [lüch]
Rasen grasveld [chrasfält] n, gazon [chaasonn] n
Raststätte parkeerplaats [parkeerplaats]
raten (Rat erteilen) raad geven [raat cheefen] ‹gaf, gegeven›; (er~) raden [raaden] ‹raadde/ried, geraden›
Rathaus raadhuis n [raathöis], stadhuis n [stathöis] >78
rauchen roken [rooken]
Raucher roker [rooker]
Raum (Platz) ruimte [röimte]; (Zimmer) kamer [kaamer], vertrek [erträk] n
rechnen rekenen [reekenen]
Rechnung rekening [reekening] >38, 69
Recht recht [rächt] n
Recht haben gelijk hebben [cheläik häbben]
rechts rechts [rächts]
rechtzeitig adv tijdig [täidech], bijtijds [bäitäits]
reden praten [praaten], spreken [spreeken] ‹sprak, gesproken›
regeln regelen [reechelen]
Regierung regering [recheering]

regnen regenen [reechenen]
reich rijk [räik]
reinigen schoonmaken [s-choomaaken]; (chemisch) reinigen [räinechen]
Reise reis [räis]
Reisebüro reisbureau n [räisbüroo]
Reiseführer gids [chits]
reisen reizen [räisen]
Reisepass paspoort n [paspoort] >22, 100
Reiseroute route [rute]
reklamieren reclameren [reklaameeren] >38, 68
Reparatur reparatie [repaaraatsi]
Reservierung reservering [reserfeering]
Rest rest [räst], restant [rästant] n, overschot [oofers-chott] n
Restaurant restaurant [rästoorant] n >36 ff.
retten redden [rädden]
Rettungsboot reddingsboot [räddingsboot] >34
Rezeption receptie [resäpsi] >67 ff.
richtig juist [jöist]
Richtung richting [richting]
riechen ruiken [röiken] ‹rook, geroken›
Risiko risico [risikoo] n
Rollstuhl rolstoel [rollstul]
rot rood [root]
Route route [rute]
rufen roepen [rupen] ‹riep, geroepen›
Ruhe rust [rüst]
ruhig rustig [rüstech]
rund rond [ronnt]

S

Saal zaal [saal]
Sache (Ding; Angelegenheit) zaak [saak]
sagen zeggen [sächen] ‹zei, gezegd›
Saison seizoen [säisun] n
sammeln (Briefmarken etc.) verzamelen [ersaamelen]; (auf~) oprapen [oppraapen]
satt verzadigd [ersaadecht]
Satz zin [sin]; (Sprung) sprong [sprongg]
sauber schoon [s-choon], helder [hälder]
schade het is jammer [et is jammer]
schaden schaden [s-chaaden], kwaad doen [kwaa dun]

116 | 117

Schadenersatz schadevergoeding [s-chaadeerchuding]
schädlich schadelijk [s-chaadelek]
Schalter (Bahnhof, Bank) loket [lookät] n; (el) schakelaar [s-chaakelaar]
schauen kijken [käiken] ‹keek, gekeken›
Scheck cheque [schäk] ➤ 95 f.
schenken schenken [s-chänken] ‹schonk, geschonken›
Scherz grapje [chrapje] n
schicken sturen [stühren]
Schiff schip n [s-chipp] ➤ 33 f.
Schild bord [borrt] n
schimpfen schelden [s-chälden] ‹schold, gescholden›
Schirm paraplu [paaraaplü]
schlafen slapen [slaapen] ‹sliep, geslapen›
schlank slank [slank]
schlecht slecht [slächt]
schließen sluiten [slöiten] ‹sloot, gesloten›
Schloss slot [slott] n ➤ 79
Schlüssel sleutel [slöhtel] ➤ 68, 70, 72
Schmerzen pijn [päin]
Schmuck sieraden [siraaden] pl ➤ 62 f.
schmuggeln smokkelen [smockelen]
Schmutz vuil [föil] n
schmutzig vuil [föil], smerig [smeerech]
schneiden snijden [snäiden] ‹sneed, gesneden›
schneien sneeuwen [sneewen]
schnell snel [snäll], vlug [lüch]
Schnellimbiss snackbar [snäkbar]
schon al [all]
schön mooi [mooi]
schrecklich verschrikkelijk [ers-chrickelek]
schreiben schrijven [s-chräien] ‹schreef, geschreven›
Schreibwarengeschäft kantoorboekhandel [kantoorbukhandel] ➤ 64 f.
schreien schreeuwen [s-chreewen]
Schrift (Hand~) schrift [s-chrift] n
schriftlich schriftelijk [s-chriftelek]
Schuh schoen [s-chun] ➤ 63
Schuld schuld [s-chült]
schulden schuldig zijn [s-chüldech säin]
Schuss schot [s-chott] n

Schutz bescherming [bes-chärming]
schwach zwak [swak]
Schwager zwager [swaacher]
Schwägerin schoonzus [s-choonses]
schwanger zwanger [swanger]
schwarz zwart [swart]
Schweigen zwijgen [swäichen] n
Schweiz Zwitserland [switserlant]
Schweizer/in Zwitser/Zwitserse [switserse]
schwer (Gewicht) zwaar [swaar]; (Krankheit) ernstig [ärnstech]; (schwierig) moeilijk [muilek]
Schwester zus(ter) [süs/süster]; (Kranken~) verpleegster [erpleechster], zuster [süster]; (Ordens~) (klooster-)zuster [kloostersüster]
schwierig moeilijk [muilek], lastig [lastech]
Schwimmbad zwembad n [swämmbat]
schwimmen zwemmen [swämmen] ‹zwom, gezwommen› ➤ 82 ff.
schwindlig duizelig [döiselech]
schwitzen zweten [sweeten], transpireren [transpireeren]
See (die ~, Meer) zee [see]; (der ~, Binnengewässer) meer [meer] n
sehen zien [sin] ‹zag, gezien›
Sehenswürdigkeiten bezienswaardigheden [besinswaardechheeden] pl ➤ 76 ff.
sehr zeer [seer], erg [ärch]
sein verb zijn [säin] ‹was, geweest›; (betont) poss prn zijn [säin]; (unbetont) z'n [sen]
seit prp/conj sinds [sints], sedert [seedert]
Seite zij(de) [säi/säide], kant [kant]; (Buch~) bladzij(de) [blatsäide], pagina [paachinaa]
Sekunde seconde [sekonnde]
Selbstbedienungsladen zelfbedieningszaak [sälfbedieningsaak]
selten adj zeldzaam [sältsaam]; adv zelden [sälden]
senden (schicken) zenden [sänden] ‹zond, gezonden›
Sendung (Radio, Fernsehen) uitzending [öitsänding]
servieren serveren [särfeeren]
setzen zetten [sätten], plaatsen [plaatsen]; **s. ~** gaan zitten [chaan sitten]
Sex seks [säks]

> **www.marcopolo.de/niederlaendisch**

WÖRTERBUCH

sicher (gewiss) adv zeker [seeker]; (geschützt) veilig [wäilech]
Sicherheit (Gewissheit) zekerheid [seekerhäit]; (Schutz) veiligheid [wäilechhäit]
Sicherung (el) zekering [seekering]
Sicht zicht [sicht] n, visie [wisi]
sichtbar zichtbaar [sichtbaar]
sie nom sing zij [säi]; acc sing haar [haar]; nom pl zij [säi]; acc pl (Person) hen [hän]; (unbetont überall) ze [se]
Sie u [ü]
singen zingen [singen] ‹zong, gezongen›
sitzen zitten [sitten] ‹zat, gezeten›
Smalltalk smalltalk [smolltohk] ➤ 14 f.
so zo [soo]
sofort direct [diräkt], meteen [meteen]
sogar zelfs [sälfs]
Sohn zoon [soon]
sollen moeten [muten], zullen [süllen] ‹zou, -›
Sonne zon [sonn]
Sonnenbrille zonnebril [sonnebrill]
sonnig zonnig [sonnech]
sorgen für zorgen voor [sorrchen oor]; s. ~ um zich zorgen maken over [sich sorrchen maaken oower]
Sorte soort [soort]
Souvenirs souveniers [suveniers] ➤ 64
Spaß (Scherz) grap [chrap], scherts [s-chärts]; (Vergnügen) plezier [plesiir] n
spät laat [laat]
später later [laater], straks [straks]
spazieren gehen gaan wandelen [chaan wandelen] ‹ging, gegaan›
Speisekarte spijskaart [späiskaart] ➤ 38, 46 ff.
spielen spelen [speelen]
Spielzeug speelgoed [speelchut] n
Sport sport [sporrt] ➤ 15, 82 ff.
Sprache taal [taal]
sprechen spreken [spreeken] ‹sprak, gesproken›
Staat staat [staat]
Staatsangehörigkeit nationaliteit [naaschoonaaliteit]
Stadt stad [stat] ‹steden›
Stadtplan stadsplattegrond [statsplattechronnt] ➤ 65, 76

Stadtrundfahrt rondrit door de stad [ronntritt door de stat] ➤ 76, 79
stammen stammen [stammen]
statt in plaats van [im plaats fan]
stattfinden plaatsvinden [plaatsfinden] ‹vond plaats, plaatsgevonden›
stechen steken [steeken] ‹stak, gestoken›
stehen staan [staan] ‹stond, gestaan›
stehenbleiben (anhalten) blijven staan [bläien staan] ‹bleef staan, is blijven staan›
stehlen stelen [steelen] ‹stal, gestolen›
steigen stijgen [stäichen] ‹steeg, gestegen›
steil steil [stäil]
Stein steen [steen]
Stelle (Ort) plaats [plaats]; (Arbeit) baan [baan]
stellen neerzetten [neersätten]
Stellung positie [poositsi]
sterben sterven [stärfen] ‹stierf, gestorven›
Stern ster [stär]
Stil stijl [stäil]
still stil [still]
Stimme stem [stämm]
Stockwerk verdieping [erdiping]
Stoff stof [stoff]
stören storen [stooren]
stornieren annuleren [anüleeren] ➤ 29 f.
Störung storing [stooring]
stoßen stoten [stooten] ‹stootte, gestoten›
Strafe straf [straf]; (Geld~) boete [bute]
Strand strand [strannt] n ➤ 82 ff.
Straße (innerorts) straat [straat], weg [wäch]; (Land~) straatweg [straatwäch]
Straßenkarte wegenkaart [weechekaart] ➤ 65
Strauß (Blumen) boeket [bukät] n
Strecke afstand [afstant], traject [trajäkt] n; (Bahn~) baanvak [baanwak] n
Strom (auch el) stroom [stroom]
Stück stuk [stük] n
studieren studeren [stüdeeren]
Stuhl stoel [stul]
Stunde uur [ühr] n
suchen zoeken [suken] ‹zocht, gezocht›
Süden zuiden [söiden] n
Summe som [somm]
Supermarkt supermarkt [süpermarkt]

T

Tabak tabak [taabak]; (zum Drehen) shag [schäk]
Tag dag [dach]
Tankstelle pomp n [pommp] > 23, 25, 28
Tante tante [tante]
tanzen dansen [dansen] > 80
Tätigkeit bezigheid [beesechhäit]
tauschen ruilen [röilen]
täuschen zich vergissen [sich ferchissen]
Taxi taxi [taksi] > 35
Teil deel [deel] n
teilnehmen (an) deelnemen (aan) [deelneemen aan] ‹nam deel, deelgenomen›
Telefon telefoon [teelefoon] > 101f.
telefonieren telefoneren [teelefooneeren] > 101f.
Temperatur temperatuur [tämperaatührr] > 19
Termin (Verabredung) afspraak [afspraak]
teuer duur [dührr]
Theater theater n [teejaater] > 80f.
tief diep [dip]; (niedrig) laag [laach]
Tier dier [diir] n
Tisch tafel [taafel]
Tochter dochter [dochter]
Tod dood [doot]
Toilette toilet [twalät] n, wc [weesee] > 37, 68, 70, 103
Toilettenpapier toiletpapier [twalätpaapiir] n
Ton toon [toon]; (Farbe) schakering [s-chaakeering], tint [tint]
Tonwaren aardewerk [aardewärek] n
Topf (Koch-) pan [pan]; (Blumen-) pot [pott]
Töpferei pottenbakkerij [pottebackeräi]
tot dood [doot]
tragen dragen [draachen] ‹droeg, gedragen›
träumen dromen [droomen]
traurig verdrietig [erdritech]
treffen treffen [träfen] ‹trof, getroffen›
Treppe trap [trap]
treu trouw [trau]
trinken drinken [drinken] ‹dronk, gedronken›
Trinkgeld fooi [fooi] > 35, 40
Trinkwasser drinkwater n [drinkwaater]
trotz ondanks [onndanks]

trotzdem adv desondanks [däsonndanks]; conj hoewel [huwäl]
tschüs tot kijk [tott käik], tot ziens [tott sins], doei [duj], hoi [hojj]
tun doen [dun] ‹deed, gedaan›
Tunnel tunnel [tünnel]
Tür deur [döhr]; (Auto) portier [porrtiir] n
typisch typisch [tipis]

U

U-Bahn metro [meetroo] > 34f.
Übelkeit misselijkheid [misselekhäit] > 90, 94
über dat boven [boofen]; acc over [oofer]
überall overal [ooferall]
überfallen overvallen [ooferwallen] ‹overviel, overvallen›
überholen (schneller gehen, fahren) inhalen [inhaalen]
übernachten overnachten [oofernachten] > 6ff., 66ff.
überqueren oversteken [oofersteeken] ‹stak over, overgestoken›
überrascht verrast [werast]
Übersee overzee [oofersee]
übersetzen vertalen [ertaalen]; (Schiff) overzetten [oofersätten]
überweisen overboeken [ooferbuken], overmaken [oofermaaken]
Ufer oever [ufer]
Uhr (Armband-) horloge [horrloosche] n; (Wand-) klok [klock]
Uhrzeit tijd (stip) [täit stipp] > 16
um prp (räumlich; zeitlich) om [omm]; (räumlich) om … heen [omm ... heen];(zeitlich) ongeveer om [onngcheweer omm]; (gegen) omstreeks [ommstreeks]
umarmen omarmen [ommarmen]
umbuchen omboeken [ommbuken] > 30
Umleitung omleiding [ommläiding]
umsonst (gratis) gratis [chraatis], voor niets [oor nits]; (vergebens) tevergeefs [tewercheefs]
umsteigen overstappen [ooferstappen]
umtauschen (om)ruilen [ommröilen],(Geld) wisselen [wisselen] > 95f.
Umwelt milieu [miljöh] n

> *www.marcopolo.de/niederlaendisch*

WÖRTERBUCH

umziehen (Wohnung wechseln) verhuizen [erhöisen]; **s. ~** zich omkleden [sich ommkleeden]
unbedingt adv beslist [beslist], absoluut [apsoolüt]
unbekannt onbekend [ommbekänt]
und en [än]
Unfall ongeluk [onngchelek] n ▶ 25
unfreundlich onvriendelijk [onnrindelek]
ungefähr ongeveer [onngchefeer]
ungern niet graag [nit chraach]
ungesund ongezond [onngchesonnt]
ungewiss onzeker [onnseeker]
Unglück ongeluk [onngchelek] n
unglücklich ongelukkig [onngchelückech]
ungültig ongeldig [onngchäldech]
unhöflich onbeleefd [ommbeleeft]
Unkosten onkosten [onnkossten] pl
unmöglich onmogelijk [ommoochelek]
unruhig onrustig [onnrüstech]
uns ons [onns]
unschuldig onschuldig [onns-chüldech]
unser onze [onnse]; n ons [onns]
unter onder [onnder]; (zwischen) tussen [tüssen]
unterbrechen onderbreken [onnderbreeken] ‹onderbrak, onderbroken›
Unterführung onderdoorgang [onndderdoorchang]
Unterhaltung (Gespräch) conversatie [konnwersaatsi]; (Vergnügen) amusement [aamüsemänt] n ▶ 80
Unterkunft onderdak [onnderdak] n
Unterschied verschil [ers-chill] n
Unterschrift handtekening [hanteekening]
Untersuchung onderzoek n [onndersuk], consultatie [konnseltaatsi]
unterwegs onderweg [onnderwäch], op weg [opp wäch] ▶ 20 ff.
unverschämt schandalig [s-chandaalech]
unwohl niet goed [nit chut], onwel [onnwäl]
Urlaub vakantie [faakansi]
Ursache oorzaak [oorsaak]
urteilen oordelen [oordeelen]

V

Vater vader [faader]
Verabredung afspraak [afspraak] ▶ 15 f.
verabschieden afscheid nemen [afs-chäit neemen]
verändern veranderen [eranderen]
Veranstaltung evenement [eefenemänt] n
Veranstaltungskalender culturele agenda [kültüreele aachändaa] ▶ 80 f.
verbieten verbieden [erbiden] ‹verbood, verboden›
Verband verband [erbant] (n)
Verbindung (Zug, tele) verbinding [erbinding]
verboten! verboden! [erbooden]
verdienen verdienen [erdinen]
verdorben bedorven [bedorrwen]; (faul) rot [rott]
vereinbaren overeenkomen [oofereenkoomen] ‹kwam overeen, overeengekomen›
Verfassung (pol) grondwet [chronntwät]; (Zustand) toestand [tustant]
Vergangenheit verleden [erleeden] n
vergessen vergeten [ercheeten] ‹vergat, vergeten›
Vergewaltigung verkrachting [erkrachting] ▶ 100
Vergiftung vergiftiging [erchifteching] ▶ 94
Vergnügen genoegen [chenuchen] n ▶ 80 ff.
verheiratet (mit) getrouwd (met) [chetraut mät], gehuwd (met) [chehühwt mät]
Verhütungsmittel voorbehoedmiddel [oorbehutmiddel] n
verirren verdwalen [erdwaalen]
Verkauf verkoop [ärkoop/erkoop]
Verkehr verkeer [erkeer] n
Verkehrsbüro bureau vreemdelingenverkeer [büroo reemdelingeerkeer], VVV [feefeefee]
verlängern verlengen [erlängen]
verlieren verliezen [erlisen] ‹verloor, verloren›
verloben verloven [erloofen]
Verlobte verloofde [erloofde]
Verlust verlies [erlis] n
vermieten verhuren [erhühr] ▶ 29, 72
versäumen verzuimen [ersöimen]
verschieben (zeitlich) verzetten [ersätten]

verschieden verschillend [ers-chillent]
verschreiben voorschrijven, schreef voor, voorgeschreven [oors-chräien, s-chreef oor, oorches-chreeen]
Versehen, aus ~ per vergissing [pär erchissing]
Versicherung verzekering [erseekering]
verspäten te laat komen [te laat koomen] ‹kwam, gekomen›
Versprechen belofte [beloffte]
verständigen op de hoogte brengen [opp de hoochte brängen]; **s. ~** het eens worden [et eens worrden]; (sprachlich) zich verstaanbaar maken [sich erstaanbaar maaken]
verstehen begrijpen [bechräipen] ‹begreep, begrepen›; (akustisch) verstaan [erstaan] ‹verstond, verstaan›
versuchen proberen [proobeeren]; (Speisen) proeven [prufen]
Vertrag contract [konntrakt] n
verunglücken verongelukken [eronngchelecken]
verwandt verwant [erwant]
verwechseln verwisselen [erwisselen]
Verzeichnis lijst [läist]
verzeihen vergeven [ercheefen] ‹vergaf, vergeven›
verzollen declareren [deeklaareeren]
viel veel [feel]
vielleicht misschien [miss-chin]
Volk volk [follek] n
voll vol [foll]
Vollpension volledig pension n [folleedech pänschonn] ➤ 68, 70
von (Herkunft) van [an]; (Passiv) door [door]
vor (räumlich; zeitlich) voor [oor]; (in der Vergangenheit) geleden [cheleeden]
Voranmeldung van tevoren aanmelden [an tefooren aanmälden]
voraus bij voorbaat [bäi oorbaat]
vorher van tevoren [an tefooren], eerst [eerst]
vormittags 's morgens [smorrchens]
Vorname voornaam [oornaam] ➤ 23
Vorort buitenwijk [böitewäik],
Vorsaison voorseizoen n [oorsäisun] ➤ 70
Vorschrift voorschrift [oors-chrift] n
Vorsicht voorzichtigheid [oorsichtechhäit]; **~ !** voorzichtig! [oorsichtech]; pas op! [pas opp]
Vorstellung (Begriff; Theater) voorstelling [oorställing] ➤ 81
Vorverkauf voorverkoop [oorerkoop] ➤ 81
Vorwahlnummer netnummer n [nätnümmer] ➤ 101f.
vorziehen (lieber haben) verkiezen [erkisen] ‹verkoos, verkozen›

W

wach wakker [wacker]
wählen (auch pol, tele) kiezen [kisen] ‹koos, gekozen›
wahr waar [waar]
während prp tijdens [täidens], gedurende; conj terwijl [terwäil]
wahrscheinlich waarschijnlijk [waars-chäinlek]
Währung muntsoort [müntsoort] ➤ 96
Wald bos n [boss]
Wanderkarte wandelkaart [wandelkaart] ➤ 65
wandern wandelen [wandelen]
warm warm [warem]
warnen (vor) waarschuwen (voor) [waars-chüwen oor]
warten wachten [wachten]
Wartesaal wachtlokaal n [wachtlookaal]
Wartezimmer wachtkamer [wachtkaamer]
was wat [wat]
waschen wassen [wassen] ‹waste, gewassen›
Wasser water [waater] n
wechseln (Geld) wisselen [wisselen]
wecken wekken [wäcken]
Weg weg [wäch]
weg weg [wäch]
wegen wegens [weechens]
weggehen weggaan [wächaan] ‹ging weg, weggegaan›
Wegweiser richtingwijzer [richtingwäiser]
weh tun pijn doen, deed, gedaan [päin dun, deet, chedaan]
weiblich vrouwelijk [rouwelek]
weich zacht [sacht]
weigern weigeren [wäicheren]
weil omdat [ommdat]
weinen huilen [höilen]
weiß wit [witt]

➤ *www.marcopolo.de/niederlaendisch*

WÖRTERBUCH

weit ver [är]
Welt wereld [weerelt]
wenig weinig [wäinech]
weniger minder [minder]
wenn (Bedingung) als [als], indien [indin]; (zeitlich) wanneer [waneer], als [als]
werden worden [worrden] ‹werd, geworden›; (Futur) zullen [süllen] ‹zou, -›
Werkstatt werkplaats [wärekplaats] ➤24, 28
werktags op werkdagen [opp wärgdaachen], doordeweeks [doordeweks]
Wert waarde [waarde]
Westen westen [wästen] n
Wetter weer [weer] n ➤19
wichtig belangrijk [belangräik]
wie (Frage) hoe [hu]; (Vergleich) als [als]
wieder weer [weer]
wiederholen herhalen [härhaalen]
wieder kommen terugkomen [trüchkoomen] ‹kwam terug, teruggekomen›
wieder sehen terugzien [trüchsin] ‹zag terug, teruggezien›
wiegen wegen [weechen] ‹woog, gewogen›
willkommen welkom [wällkomm]
wir (betont) wij [wäi]; (unbetont) we [we]
Wirt waard [waart]
Woche week [week] ➤17
wohnen wonen [woonen]
Wohnort woonplaats [woonplaats] ➤23
Wohnung woning [wooning]
wollen willen [willen]
Wort woord [woort] n
wünschen wensen [wänsen]
Wurst worst [worrst] ➤44, 46
wütend woedend [wudent]

Z

Zahl getal [chetall] n, aantal [aantall] n
zahlen betalen [betaalen]
Zahlung betaling [betaaling]
Zahnarzt/ärztin tandarts [tantarts] ➤90
zeigen tonen [toonen]; (hinweisen) wijzen [wäisen] ‹wees, gewezen›
Zeit tijd [täit] ➤16f.
Zeitangaben tijdaanduidingen [täitaandöidingen] ➤16f.
Zeitschrift tijdschrift n [täits-chrift] ➤64f.
Zeitung krant [krant] ➤64f.
Zentrum centrum [säntrem] n
zerbrechlich breekbaar [breegbaar]
zerstören verwoesten [erwusten]
Zeuge getuige [chetöiche]
ziehen trekken [träkken] ‹trok, getrokken›
Ziel doel [dul] n
Zigarette sigaret [sichaarät]
Zimmer kamer [kaamer] ➤8f., 66ff.
Zoll douane [duaane] ➤22f.
zornig boos [boos]
zu (Richtung) naar [naar], bij [bäi]; (mit adj) te [te]; (geschlossen) dicht [dicht]
zufrieden tevreden [tereeden]
Zug toegang [tuchang] ➤31ff.
zumachen dichtdoen [dichdun] ‹deed dicht, dichtgedaan›
zurück terug [trüch]
zusammen samen [saamen]
zusätzlich aanvullend [aanwüllent], extra [äkstraa]
zuschauen kijken (naar) [käiken naar] ‹keek, gekeken›
Zuschlag toeslag [tuslach] ➤33
zuschließen sluiten [slöiten] ‹sloot, gesloten›
zuständig verantwoordelijk [verantwoordelek]
zu viel te veel [te feel]
zweifeln, an etw ~ twijfelen aan iets [twäifelen aan its]
zwischen tussen [tüssen]

> BLOSS NICHT!

So vermeiden Sie Fettnäpfe

Insider Tipps

Fikkie-Suche

Es ist wirklich nicht zu glauben. Rennt da schon wieder jemand durch die Straßen und ruft laut *Fikkie Fikkie*! Ist denn in den Niederlanden der Notstand ausgebrochen? Der garantiert nicht. Eher ein kleiner, vierbeiniger Liebling. Fikkie ist schlicht der Hundename Nr. 1 und bedeutet ganz und gar nichts Obszönes.

Ganz schön brutale Kinder

Als Eltern unter sich prahlt man ja gerne mit seinen Kleinen. Doch wenn die stolze Mutter strahlend von ihren *brutalen* Kindern erzählt, dann fehlen einem doch ein wenig die Worte. Aber keine Sorge, Ihre Kleinen werden nicht gleich vermöbelt, sondern haben es lediglich mit frechen Spielkameraden zu tun.

Heute wird`s deftig

Der romantische Abend zu zweit soll in einem *deftigen* Lokal stattfinden. Mit dieser Location haben Sie nicht unbedingt gerechnet, aber dann tut es auch die lässige Jeans und Ihr Lieblingsshirt. Böser Fehler und schnell umziehen! Ihr Date möchte Sie nämlich so richtig *vornehm* ausführen – *deftige* Abendgarderobe ist angesagt.

Lekkere Menschen

Ein Niederländer, der Sie *lekker* findet, hat Sie nicht zum Fressen gern, sondern findet, dass Sie „hübsch" aussehen. Sie müssen sich erst Gedanken machen, wenn er Sie *smakelijk* findet. Denn dieses Kompliment ist leckerem Essen vorbehalten.

Gekochte Fahrräder

Hat ein Niederländer ein Fahrrad *gekocht*, hat er seinen Drahtesel weder gekocht noch sonst auf irgendeine Art gegart – nein, er hat es gekauft. Wenn gekocht wird, wird dann doch besser *gekookt*.

Schuss und ... Käfer! Käfer!

Genau so hört es sich für einen Niederländer an, wenn Sie beim eben geschossenen 1:0 begeistert „Tor! Tor!" schreien. Tore bejubeln die Niederländer mit *Goal!*, *Doelpunt!* oder auch *Hij zit erin!* Also mitmachen und Spaß haben!

> S. 136

ACHTUNG: SLANG!

MEHR ALS NUR SPRACHE

Wenn das Wörterbuch schlapp macht und Sie nur noch Bahnhof verstehen, dann handelt es sich um einen klaren Fall von: Achtung Slang! Aber keine Panik, auf den nächsten Seiten sind Sie mittendrin in der Sprache der Insider, die auf den Straßen, in den Clubs und Bars, Shops und Lounges gesprochen wird. Wir haben sie für Sie aufgespürt: die authentischen, die wichtigsten und witzigsten Slangausdrücke. Dabei gibt es jedoch auch Formulierungen, die Sie besser meiden sollten, denn manchmal ist Schweigen wirklich Gold. Ansonsten viel Spaß beim Erweitern Ihres Wortschatzes!

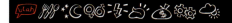

ALLTAG

■ BEGRÜSSEN UND VERABSCHIEDEN

Hoi/Hej [hoi/hey] — Hi/Hey
Hoe gaat t/Hoe gaat ie/Hoe is´tie/Hoe is´t? — Wie geht´s?
  [hu gaattet/hu gaati/hu isti/hu isset]
Alles kits. [alles kitts] — Alles paletti.
Gaat wel. [chaat well] — Geht so.
Ik ga er vandoor/Ik peer`m/Ik taai af — Ich bin weg.
  [ik cha erfanndoor/ik peerem/ik taai aff]
Doei/Doeg [dui/duuch] — Ciao
De mazzel!/Zie je! [de masl/sie je] — Mach´s gut!
Hou je taai/haaks. [hau je taai/haaks] — Halt dich wacker.

■ ANTWORTEN...

Is goed. [iss chut] — Geht in Ordnung./Alles klar.
Komt dik/helemaal voor mekaar! — Wird gemacht!
  [kommt heelemaal/dick foor möckaar]
Zeker weten! [seeker weete] — Klar!
Dank je. (kurz für: dankjewel) [dankje] — Danke dir.
Bedankt. [bedangt] — Danke.
Geen idee. [cheen idee] — Weiß nicht/Keine Ahnung.
Maakt me niet uit. [maakt me niit öit] — Mir egal.
Dat kan me geen moer/bal schelen. — Das ist mir total schnuppe.
  [datt kann me cheen mur/ball scheele]
Dat gaat je geen moer/bal aan. — Das geht dich nichts an.
  [datt chaat je cheen mur/ball aan]
Vergeet het maar! [fercheet et maar] — Vergiß es!
Balen, zeg! [baale sech] — So ein Pech!

■ ...UND AUFFORDERUNGEN

Wacht effe!/Momentje! [wacht effe/momäntje] — Warte mal!
Effe dimmen! [effe dimme] — Mach mal halblang!
Hou op met dat gezanik/gezeur/gezeik! — Hör auf zu jammern!
  [hau opp mett datt chesanek/gesör/chesäik]
Nou is het mooi geweest/afgelopen! — Jetzt ist Schluss!
  [nau is et mooi cheweest/affcheloope]
Donder op/Moven jij! [donnder opp/muufe jäi] — Zieh Leine!

> www.marcopolo.de/niederlaendisch

ACHTUNG: SLANG!

■ UNTER FREUNDEN...

even langskomen [efe langskoome]	vorbeischauen
een belletje geven [en belletje geefe]	bei jdm durchklingeln
iemand een mailtje/een smsje sturen [iimant en meeltje/en sms je stüüre]	jdm eine Mail schicken/simsen
kletsen/babbelen/ouwehoeren [klättse/babbele/auehuure]	quatschen
over koetjes en kalfjes babbelen [oofer kuutjes en kalfjes babbele]	sich über dies und das unterhalten (wörtl. über Kühe und Kälber quatschen)
roddelen [roddele]	tratschen
onzin/nonsens/flauwekul vertellen [onnsinn/nonnsens/flaueküll fertelle]	Quatsch reden

■ DAS GEFÄLLT...

Dat swingt de pan uit! [datt swingte pannöit]	Das geht ab!/Das rockt!
onwijs gaaf/helemaal te gek/hartstikke te gek [onwäis chaaf/heelemaal te chekk/hartsticke te chekk]	voll cool
gaaf/te gek/tof/te wauw [chaaf/te chekk/toff/te wau]	geil/cool
helemaal het einde [heelemaal et äinde]	unglaublich toll/der absolute Wahnsinn
fantastisch [fanntassties]	großartig/wunderbar
uit je bol/dak gaan [öit je boll/dack chaan]	aus dem Häuschen sein

■ ...DAS LANGWEILT...

saai/suf [ssaai/süff]	langweilig/uncool
doodsaai [dootssaai]	stinklangweilig
zich doodvervelen/zich kapot vervelen [sich dootferfeele/sich kapottferfeele]	sich zu Tode langweilen
Daar vindt ik niks aan. [daar fint ik nix aan]	Das finde ich langweilig.
saaie piet [ssaaie piit]	Langweiler

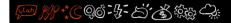

...UND DAS NERVT

Niederländisch	Deutsch
irritant [irritant]	nervig
onzin/nonsens [onnsinn/nonssens]	Quatsch
Dat slaat nergens op/als een tang op een varken. [datt slaat nerchens opp/als en tang oppen farke]	Das ist Quatsch mit Soße.
Daar heb ik geen zin/trek in. [daar heppik cheen sinn/treck inn]	Darauf habe ich keine Lust/keinen Bock.
Daar baal ik echt van. [daar baalik echt fann]	Das find ich echt blöd.
iemand op zijn zenuwen werken [iemant opp sen seenüwe werke]	jdm auf den Geist gehen
iemand op de kast/op stang jagen [iemant opp de kast/opp stang jaache]	jdn wütend machen (wörtl. jd auf den Schrank/Stab jagen)
kankeren [kangkerre]	meckern/nörgeln
Daar wordt ik doodziek van [daar wortik dootsiik fann]	Das nervt total.
het beu/zat/moe zijn [et bö/satt/mu säin]	die Schnauze voll haben
afknapper [affknapper]	Reinfall/Enttäuschung
afgaan (als een gieter) [affchaan (als en chiiter)]	sich voll blamieren
een blunder slaan [en blünnder slaan]	ins Fettnäpfchen treten
ergens intrappen [erchens intrappen]	auf irgendwas reinfallen

SCHLECHT DRAUF?

Niederländisch	Deutsch
doodop/afgepeigerd zijn [dootopp/affchepäichert säin]	fix und fertig/alle sein
een dutje doen [en düttje dun]	ein Nickerchen halten
even gaan liggen [efe chaan liche]	sich kurz aufs Ohr hauen
zich niet lekker voelen [sich niit lecker fule]	nicht ganz auf dem Damm sein
niet lekker in zijn vel zitten [niit lecker in sen fell sitte]	sich nicht wohl in seiner Haut fühlen
in de lappenmand zitten [in de lappemant sitte]	sich schlecht fühlen (wörtl. im Lumpenkorb sitzen)
op zijn teentjes/staart/pik getrapt zijn [opp sen teentjes/staart/pick chetrappt säin]	beleidigt sein
geïrriteerd zijn [che irriteert säin]	genervt sein
uit zijn humeur zijn [öit sen hümör säin]	schlecht gelaunt sein
een rothumeur hebben [en rotthümör hebbe]	eine Stinklaune haben
helemaal van de kaart zijn [heelemaal fann de kaart säin]	total von der Rolle sein
over de rooie gaan [ofer de rooie chaan]	austicken
de kriebels hebben [de kriibels hebbe]	Bammel haben/nervös sein
op zijn van de zenuwen [opp säin fann de senüwe]	supernervös sein
het in zijn broek doen van angst [et in sen bruk dun fann angst]	sich vor Angst in die Hosen machen
zijn zenuwen verliezen [sen senühe ferliise]	die Nerven verlieren

> *www.marcopolo.de/niederlaendisch*

ACHTUNG: iƃNA˥S

ESSEN

bikken/een hapje/happie eten [bicke/en happje/happi eete]	essen
tussendoortje [tüssedoortje]	Snack
patatje (met/satéhsaus/oorlog) [petattje mätt/ssatteesaus/oorloch]	Pommes (mit Mayo/mit Erdnusssoße/mit Ketchup & Erdnussoße)
bakkie koffie [backi koffi]	Tasse Kaffee
uit de muur eten [öit de mür eete]	Automaten-Fast Food essen (wörtl. aus der Wand essen)
een leuke tent [en lööke tent]	ein nettes Lokal
Ik heb trek. [ick hepp treck]	Ich hab Appetit.
Ik heb honger als een leeuw. [ick hepp honger als en leeu]	Ich hab einen Bärenhunger.
Ik heb een reuzetrek. [ick hepp en röösetreck]	Ich hab Kohldampf.
zich volvreten [sich folfreete]	sich den Bauch vollschlagen
Dat smaakt naar meer. [datt smaakt naar meer]	Das Essen ist superlecker (wörtl. schmeckt nach mehr).

AUSGEHEN

▰DRINKS▰

drankje [drangkje]	alkoholisches Getränk
sterke drank [stärke drank]	Spirituosen
pilsje [pillsje]	Glas Bier/Pils vom Fass
fluitje [flöitje]	kleines Pils (hohes, schmales Glas)
Sneeuwwitje [sneeuwittje]	Alster/Radler (wörtl. Schneewittchen)
een rode/witte wijn [roode/witte wäin]	ein Glas Rot-/Weißwein
Chateau Migraine [schato migräne]	Fusel
borrel [borrel]	Schnaps
bessenjenever/bessen-ijs [bessejeneever/bessenäis]	Johannisbeerschnaps/mit Eis
kopstoot [koppstoot]	Bier und Schnaps (wörtl. Kopfstoß)

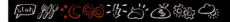

IN DER BAR/KNEIPE

kroeg [kruch]	Kneipe
buurtkroeg/buurtcafé [büürtkruch/büürtcafé]	Stammkneipe
een pilsje pakken [en pillsje pakke]	sich ein Bier genehmigen
kroegentocht [kruchetocht]	Kneipentour
stappen [stappe]	eine Kneipentour machen
aan de rol/zwier/boemel zijn [aan de roll/swiir/bummel säin]	einen draufmachen
Eén rondje voor mij. [een ronntje foor mäi]	Das ist meine Runde.
afzakkertje [affsakkertje]	Absacker
doorzakken [doorsakke]	durchzechen
uitsmijter [öitsmäiter]	Türsteher
propvol/afgeladen vol [proppfoll, affchelaade foll]	brechend/gerammelt voll
zich opmaken [sich oppmaake]	sich schminken
opgetakeld zijn als een kerstboom [oppchetaakeld säin als äin kerstboom]	schwer aufgetakelt sein (wörtl. ein Weihnachtsbaum)

SPÄTER...

aangeschoten/lichtelijk beneveld [aangeschoote/lichtellek beneefelt]	einen Kleinen sitzen haben
dronken/bezopen/lazarus [drongke/besoope/laserüß]	betrunken
stomdronken/ladderzat/dronken als een tor [stommdrongke/laddersatt/drongke als en torr]	sturzbetrunken
zich een stuk in zijn kraag zuipen [sich en stück in sn kraach söipe]	sich volllaufen lassen
dronkelap [dronkellapp]	Betrunkener
Ik voel me niet goed. [ik ful me niit chut]	Mir geht's nicht gut.
Ik ben misselijk. [ik benn missellek]	Mir ist schlecht.
Ik voel me belazerd/beroerd. [ik ful me bellasert/berrurt]	Mir geht's hundeelend.
een kater hebben [en kaater hebbe]	einen Kater haben

> *www.marcopolo.de/niederlaendisch*

ACHTUNG: SLANG!

RAUCHEN

peuk [pöök]	Kippe/Fluppe (wörtl. Stummel)
shaggie [schekki]	selbstgedrehte Zigarette
roken als een schoorsteen [rooke als en schoorsteen]	qualmen wie ein Schlot

MANN UND FRAU

LEUTE

(leuke/toffe) vent/gozer/kerel [(löhke/toffe) fent/gooser/keerel]	(netter) Typ/Kerl
meid/griet [mäit/griit]	Mädel
miep/muts [miip/müts]	dumme Trulla
leuke meid/leuk mens [löhke mäit/löhk mens]	nette/tolle Frau
gek mens/gekke meid [geck mens/gecke mäit]	verrücktes Weib/verrücktes Mädel (positiv bewertend)
hunk/lekker ding/spetter [hünk/lecker ding/spetter]	geiler/heisser Typ
(lekker) stuk/spetter/stoot/mokkel [(lecker) stück/spetter/stoot/mockel]	heißer Feger/geiles Häschen

FLIRTEN UND MEHR

op iemand vallen [opp iemant falle]	auf jdn scharf sein
iemand versieren [iemant fersiire]	jdn erobern
iemand oppikken [iemant oppikke]	jdn abschleppen
verliefd op iemand worden/zijn [ferlieft opp iemant worde/säin]	sich in jdn verlieben/in jdn verliebt sein
vlinders in zijn buik hebben [flinders in sen böik hebbe]	Schmetterlinge im Bauch haben
helemaal gek op iemand zijn [heelemaal check opp iemant säin]	total in jdn verknallt sein
met iemand gaan/verkering hebben [mett iemant gaan/ferkeering hebbe]	mit jdm gehen/mit jdm zusammen sein
schat [schatt]	Schatz
lief/liefste/liefje [liif/liifste/liifje]	Liebste(r)
vrijen/stoeien/knuffelen [fräie/stuihe/knüffele]	knutschen
strelen [strehle]	streicheln
vrijen/met iemand naar bed gaan [fräie/mett iemant naar bett chaan]	Sex haben/mit jdm ins Bett gehen
wippen/neuken [wippe/nööke]	vögeln
vluggertje [flüchertje]	Quickie

een stijve/een paal/een tent in zijn broek [stäiwe/pahl/tent in sen bruk]	eine Latte
kapotje [kapotje]	Gummi
iemand dumpen [iemant dümpe]	jdn versetzen
het uitmaken [et öitmaake]	Schluss machen
het bijleggen [et bäileche]	sich versöhnen
uit het oog, uit het hart [öit et ooch, öit et hart]	aus den Augen, aus dem Sinn
Ze zijn al lang bij elkaar. [se säin al lang bäi elkaar]	Sie sind schon lange zusammen.
een stel [en stell]	ein Paar
het boterbriefje halen [et booterbriifje haale]	heiraten
onder de knoet zitten [onnder de knutt sitte]	unterm Pantoffel stehen (wörtl. unter der Knute/Peitsche sitzen)

SCHIMPFEN, LÄSTERN, FLUCHEN

■ STANDARDS

verdorie/(pot)verdikkie/verdikkeme [ferdoori/(pott)ferdicki/ferdickeme]	Mist!
mijn hemel/hemeltje lief [mäin heemell/heemelltje lief]	Meine Güte!/Großer Gott!
(god)verdomme (nogaantoe) [(chott)ferdomme (nochaantu)]	Verdammt (nochmal)!
Bekijk het maar! [bekäik et maar]	Vergiss es!
Hou je kop/bek/smoel/harses (dicht) [hau je kopp/beck/smul/harssess (dicht)]	Halt die Klappe!
Donder op [donnderopp]	Hau ab!
Rot op!/Flikker op!/Sodemieter op! [rottopp/flickeropp/ssoodemiteropp]	Verzieh dich!
Je kan me wat!/Je kunt de pot op! [je kann mewatt/je künnt de pott opp]	Du kannst mich mal!

> www.marcopolo.de/niederlaendisch

ACHTUNG: iONA⅂S

Daar wordt ik helemaal niet goed/kotsmisslijk van   Das nervt total.
   [daar wortik heelemaal niit chut/kottsmisselek fann]
Dat is te gek om los te lopen.
   [datt is te chek omm losstelope]

Das ist eine Frechheit! (wörtl. zu verrückt, um es frei laufen zu lassen.)

■ SPINNER UND TROTTEL ■

een rare vent [en raare fent]   ein komischer Kauz
helemaal van de pot gerukt zijn   total durchgeknallt sein (wörtl. vom Topf gerissen sein)
   [heelemaal fann de pott gerrückt säin]
stapelgek /knettergek zijn   total verrückt sein
   [stapelcheck/knättercheck säin]
Hij is zo gek als een deur.   Er hat einen totalen Dachschaden. (wörtl.: Er ist so verrückt wie eine Tür.)
   [häi iss so checkals en dör]
ze niet alle vijf op een rijtje hebben   nicht mehr alle Tassen im Schrank (wörtl. alle fünf in der Reihe) haben
   [se niit allemaal/alle fäif opp en räitje hebbe]
Hij is niet goed wijs/niet goed bij zijn hoofd.   Er tickt nicht ganz richtig.
   [niit chut wäis/niit chut bäi säin hooft]
kip zonder kop [kipp sonder kopp]   Schussel
sukkel/sufferd/oen/uilskuiken/onbenul   Trottel/Pappnase
   [sückel/süffert/un/öilsköicken/onnbennüll]
halve gare/geflipte kalkoen   Schwachkopf (wörtl. Halbgare(r)/durchgeknallte Pute)
   [halfe chaare/cheflippte kalkun]
de kluts kwijt zijn [de klüts kwäit säin]   von der Rolle sein
Hij doet alsof zijn neus bloedt.   Er stellt sich blöd. (wörtl. Er tut so, als hätte er Nasenbluten)
   [häi dut als off säin nöß bluut]
Geen idee. [cheen idee]   Keine Ahnung.
geen verstand/sjoege van iets hebben   keine Ahnung von etwas haben
   [cheen ferstant/schuche fann iits hebbe]
zo stom als een varken [so stomm als en farke]   saudumm

■ MEHR BELEIDIGUNGEN ■

schijterd/schijtluis [schäitert/schäitlöis]   Angsthase/Hosenscheißer
watje/doetje/lulletje rozenwater   Weichei/Warmduscher
   [wattje, dutje, lülletje rosewaater]
slijmerd/slijmbal/slijmjurk   Schleimer
   [släimert/släimball/släimjürck]
zijkerd/zijksnor [säickert/säicksnorr]   Nörgler
zenuwlijer [seenüuläier]   Nervensäge
betweter [bettweeter]   Besserwisser
kapsoneslijer [kapssooneßläier]   Wichtigtuer/Angeber

een grote bek hebben [en groote beck hebbe]	eine große Klappe haben
trut [trütt]	blöde Kuh
Wat een stommeling/eikel! [watt en stommeling/äickel]	Was für ein Depp!
lummel/lomperik/onbehouwen vlegel [lummel/lomperick/ombehaue fleechel]	Rüpel
proleet [proleet]	Proll
relschopper/herrieschopper [rellschopper/herrischopper]	Unruhestifter/Aufrührer
klootzak/hondelul/boerenlul/klerelijer [klootsack/hondelüll/burelüll/keleereläier]	Drecksack!

UNAPPETITLICHES

plee/pot/poepdoos [plee/pott/puppdoos]	Klo
plassen [plasse]	pinkeln
een plasje doen [en plasje dun]	Pipi machen
poepen/drukken [pupe/drücke]	kacken
een grote boodschap doen [sen behufte/en groote bootschapp dun]	Groß machen
aan de schijterij zijn [aan de schäiteräi säin]	Dünnpfiff haben
een wind(je)/scheet laten [en wint(je) laate]	einen fahren lassen
boeren/een boer(tje) laten [buhre/en bur(tje) laate]	aufstoßen
overgeven/spugen [oofercheefe/spüüche]	sich übergeben/brechen

GELD

■ KOHLE

poen [pun]	Kohle/Knete
een honderdje/vijftigje/twintigje/tientje/vijfje [honndertje/väiftegje/twintechje/tiintje/väifje]	ein Hunderter/Fünfziger/Zwanziger/Zehner/Fünfer
muntjes [münntjes]	Kleingeld
geld uit de muur halen [chelt öitte müür haale]	Geld aus dem Automaten holen
dokken/lappen [docke/lappe]	bezahlen

■ HABEN ODER NICHT

een hoop geld [en hoop chelt]	ein Haufen Geld
stinkend rijk zijn [stingkent räik säin]	stinkreich sein
in zijn geld zwemmen [in säin chelt swämme]	in Geld schwimmen

> *www.marcopolo.de/niederlaendisch*

ACHTUNG: SLANG!

krent [krennt]	Geizhals
op zijn geld zitten [opp sn chelt sitte]	geizig/knauserig sein
geen geld op zak hebben [cheen chelt opp sack hebbe]	kein Geld dabei haben
blut zijn/aan de grond zitten [blütt säin, aan de chronnt sitte]	pleite sein (wörtl. auf dem Grund sitzen)
krap bij kas zijn [krapp bäi kass säin]	knapp bei Kasse sein
rood staan [rot staan]	im Minus sein
op de fles/over de kop/failliet gaan [opp de fless/oofer de kopp/fajiet chaan]	pleite gehen

■ KOSTEN ODER NICHT ■

Wat krijg je van me? [watt kräich je fan me]	Was bekommst du von mir?
Dat is wel een beetje duur. [dattiss wellen beetje düür]	Das ist aber happig.
een vermogen/een rib uit je lijf kosten [en fermoochen/en ripp öit je läif koste]	ein Vermögen (wörtl. eine Rippe deines Körpers) kosten
koopje [koopje]	Schnäppchen
spotgoedkoop/voor niks [spott chutkoop/foor nix]	spottbillig
goedkope rotzooi/tinnef [chutkoope rottsooi/tinneff]	Billigware

■ AUSGEBEN UND EINNEHMEN ■

dik binnenlopen [dick binneloope]/ **bakken vol geld verdienen** [bakke foll chelt ferdiine]	fette Kohle verdienen
jatten/pikken/gappen [jatte/pikke/chappe]	etwas abstauben/klauen
bietsen [biitse]	schnorren
iemand afzetten/oplichten [affsette/opplichte]	jdn abzocken/übers Ohr hauen
iemand belazeren/besodemieteren [belasere/bessodemitere]	jdn bescheißen
weggegooid geld [wechechooit chelt]	rausgeschmissenes Geld
zijn geld over de balk gooien [säin chelt oofer de balk chooie]	sein Geld zum Fenster raus (wörtl. über den Balken) werfen

ARBEIT

dagelijkse sleur [daachelekse slöhr]	Alltagstrott
het druk hebben [et drück hebbe]	viel zu tun haben
tot over zijn oren in het werk zitten [tott oofer sen oore in et werk sitte]	in Arbeit versinken
zich over de kop werken [sich oofer de kopp werke]	sich totarbeiten
het rustig aan doen [et rüstich aan dun]	eine ruhige Kugel schieben
een makkie [en makki]	Kinderspiel
fout lopen/misgaan [fautloope/miss chaan]	schief gehen
de mist in gaan/in het honderd lopen [de mist in chaan/in het hondert loope]	daneben gehen/in die Hose gehen
verprutsen/verknoeien/versjteren [ferprüttse/ferknuie/feschteere]	vermasseln/vergeigen/versauen
er een potje van maken [er en pottje fann maake]	Chaos anrichten/Mist bauen
prutswerk [prütswerk]	Pfusch
iemand een uitbrander geven [en öitbrannder cheefe]	jdm eine Standpauke halten
iemand de mantel uitvegen/uitfoeteren [de manntell öitfeeche/öitfutere]	jdn zusammenstauchen (wörtl. jdm den Mantel ausfegen)
pietje precies/muggenzifter/kommaneuker [piitje pressiis/müchesifffter/kommanöker]	Korinthenkacker/Haarspalter (wörtl. Pit Genau/Mückensieber/Kommaficker)

WETTER

't is behoorlijk fris. [tiss behoorlek friss]	Es ist ganz schön frisch
Het is stervenskoud/om te bevriezen. [et iss stervenskaut/omm te befriese]	Es ist saukalt draußen!
Het regent pijpestelen. [et reechent päipesteele]	Es regnet Bindfäden. (wörtl. es regnet Pfeifenstiele)
doornat/druipnat/zeiknat zijn [doornatt/dröipnatt säin]	klatschnass sein
Het is snikheet/bloedheet. [et iss snickheet/blutheet]	Es ist tierisch heiß.
zo rood als een kreeft zijn [so rot als en kreeft säin]	krebsrot sein

> *www.marcopolo.de/niederlaendisch*